马克思主义经济学发展与应用研究中心资助
贵州省社科基金项目（19GZYB76）
国家社科基金项目（21BJY040）

新土地承包法下农户城市落户与土地处置的动态匹配研究

安海燕　著

中国财经出版传媒集团
中国财政经济出版社

图书在版编目（CIP）数据

新土地承包法下农户城市落户与土地处置的动态匹配研究／安海燕著．—北京：中国财政经济出版社，2022.9

ISBN 978-7-5223-1509-6

Ⅰ.①新…　Ⅱ.①安…　Ⅲ.①农村土地承包法-研究-中国　Ⅳ.①D922.324

中国版本图书馆 CIP 数据核字（2022）第 112278 号

责任编辑：彭　波　　　　　　责任印制：史大鹏
封面设计：孙俪铭　　　　　　责任校对：胡永立

中国财政经济出版社 出版

URL：http://www.cfeph.cn
E-mail：cfeph@cfeph.cn

（版权所有　翻印必究）

社址：北京市海淀区阜成路甲 28 号　邮政编码：100142
营销中心电话：010-88191522
天猫网店：中国财政经济出版社旗舰店
网址：https://zgczjjcbs.tmall.com
北京财经印刷厂印刷　各地新华书店经销
成品尺寸：170mm×240mm　16 开　11.25 印张　141 000 字
2022 年 9 月第 1 版　2022 年 9 月北京第 1 次印刷
定价：68.00 元
ISBN 978-7-5223-1509-6
（图书出现印装问题，本社负责调换，电话：010-88190548）
本社质量投诉电话：010-88190744
打击盗版举报热线：010-88191661　QQ：2242791300

前　　言

　　制度塑造人类行为，同时也依赖群体行为得以实现。人口流动是世界任何一国发展必经之路，也是我国实现城镇化、农业现代化的发展之道。但中国的人口流动异于国外，呈现出了"居住地、工作地、户籍地"分离特点，这与中国农地制度密切相关。随着社会发展，这种流动方式带来"伪城镇化""农村空心化"等资源低效配置的困境。为此，我国于2018年12月，及时修改了《农村土地承包法》。新土地承包法第二十七条"国家保护进城农户的土地经营权，不得以退出土地承包经营权作为农户进城落户的条件"替代旧土地承包法第二十六条"承包期内，承包方全家迁入设区的市，转为非农业户口的，应当将承包的耕地和草地交回发包方。承包方不交回的，发包方可以收回承包的耕地和草地"。那么，制度的调整是否能改变原有农户均衡行为，刺激新的行为，破除发展困境，这是本书的研究宗旨，同时也是探究中国农户是否为"理性经济人"的一个绝佳途径。

　　本研究得到了贵州省社科基金一般项目"新承包法下进城农民落户意愿与土地处置的动态匹配研究"（19GZYB76）、国家社科"多重逻辑视角下农地延包实施路径研究"

（21BJY040）的支持。本书是团队成员的成果，参与写作的研究生有李映丹、杨梵、李琴、李玲玲；参与调研与资料收集整理的有孙晓书、麦英凤、李晴、刘莉、李航、陈雄、朱晓凤、李璟镒、陈涵、洪习严、徐雅婷、孙国斌、吕彦霆、王莉、刘欣。他们穿梭在每个工地工棚、街头小巷、民工宿舍；他们固定在图书馆一遍一遍书写，这也让我见证了年轻一代人的能力与坚持。

  本书出版得到了马克思主义经济发展与应用研究中心的资助，得到了贵州大学经济学院、贵州大学哲学社会科学院的大力帮助。同时感谢中国财政经济出版社，编辑们的专业与认真让我受益无穷。当然，本人认知有限，难免出现错误与疏漏，与他人无关。

  最后感谢我的家人，谢谢你们一直激励我不断前行！

安海燕

2022年9月于南明河畔

目 录

第1章 绪论 ……………………………………………………………… 1

    1.1 问题提出 …………………………………………………………… 2

    1.2 研究意义与内容 …………………………………………………… 6

    1.3 研究方法与技术路线 ……………………………………………… 9

    1.4 数据来源与基本情况 ……………………………………………… 11

    1.5 概念界定及结构安排 ……………………………………………… 15

    1.6 创新之处 …………………………………………………………… 21

第2章 文献综述与分析框架 …………………………………………… 23

    2.1 理论回顾 …………………………………………………………… 24

    2.2 文献综述 …………………………………………………………… 33

第3章 农民城市落户选择与土地处置的匹配逻辑 …………………… 51

    3.1 匹配逻辑 …………………………………………………………… 52

    3.2 城市落户与土地处置的匹配模式 ………………………………… 53

    3.3 土地承包法变迁及对匹配的影响 ………………………………… 61

    3.4 小结 ………………………………………………………………… 69

第 4 章 贵州省农户城市落户与土地处置现状 …… 71
4.1 农户城市落户分析 …… 72
4.2 土地处置行为分析 …… 88
4.3 小结 …… 96

第 5 章 制度变迁下的匹配变动及匹配效应研究 …… 99
5.1 制度变迁下的匹配变动研究 …… 100
5.2 匹配变动后的实证影响效应 …… 113
5.3 小结 …… 127

第 6 章 匹配变动视角下促进有序城镇化、乡村振兴的对策建议 …… 131
6.1 匹配变动对农村和城市带来的挑战 …… 132
6.2 匹配变动视角下推动城镇化、农业现代化的对策建议 …… 141

参考文献 …… 160

新土地承包法下农户
城市落户与土地处置的
动态匹配研究
Chapter 1

第 1 章 绪 论

1.1 问题提出

城镇化与农业现代化是我国发展之道。自 2005 年国家首次提出农业现代化的发展理念以来，国家多次出台了推动农业现代化发展的举措。例如，2014 年《关于全面深化农村改革加快推进农业现代化的若干意见》系统提出了发展农业现代化的途径，2018 年中央一号文件提出"促进小农户和现代农业发展有机衔接"，2021 年中央一号文件《关于全面推进乡村振兴加快农业农村现代化的意见》明确提出"在向第二个百年奋斗目标迈进的历史关口，必须加快农业农村现代化"。世界历史也表明，城镇化是国家发展的必经阶段。我国进入中等收入国家后，城镇化就成为我国经济社会发展的主要途径。2010 年中央一号文件首次指出"提高城镇化规划水平和发展质量""加强中小城市和小城镇作为城镇化的发展重点""深化户籍改革，促进符合条件的农业转移人口在城市落户并享有当地城镇居民同等的权益"。2016 年中央一号文件提出"新型城镇化"的概念，此后国家陆续推出促进新型城镇化发展的文件，如《国务院关于深入推进新型城镇化建设的若干意见》（2016 年）、《推进新型城镇化建设重点任务》（2018 年）、《新型城镇化建设重点任务》（2019 年）、《新型城镇化建设和城乡融合发展重点任务》（2020 年）。在 2021 年出台的《新型城镇化和城乡融合发展重点任务》中也重申"深入实施以人为核心的新型城镇化战略，促进农业转移人口有序有效融入城市"的战略目标。

国家的战略政策为我国城镇化与农业现代化指明了发展方向与实施框架，但城镇化与农业现代化的发展本源还是人的行为选择，尤其是农户城市落户、土地处置行为。何皮特（2014）指出"好的制度

第1章 绪　论

是能刺激人的行为，如果不能得到行为反应的制度，那就是空制度"，贝克尔指出"一切的经济社会问题，归根结底都是人行为的问题。从微观行为特征可以得到中观、宏观的结果"。城镇化与农业现代化发展无一不是农户行为的结果。"推进符合条件农业转移人口落户城镇"（《国家新型城镇化规划（2014~2020年）》）、"促进有能力在城镇稳定就业和生活的农业转移人口举家进城落户"（《国务院关于深入推进新型城镇化建设的若干意见》）等推动城镇化发展的文件中明确指出，农户城市落户、城市就业、城市融入行为是城镇化的关键。推动农业现代化发展的文件中也提及农业现代化离不开农户的行为，如"培养新型农民"（2007年、2016年中央一号文件）、"引导农户采用先进适用技术和现代生产要素，加快转变农业生产经营方式"（2013年中央一号文件）、"新型职业农民培育、农民工职业技能提升"（2017年中央一号文件）、"新型农业经营主体和扶持小农户，采取有针对性的措施，把小农生产引入现代农业发展轨道"（2018年中央一号文件）、"促进农地流转，发展农户规模经营，实现农业现代化"（2021年中央一号文件）。此外，习总书记在讲话中多次强调"坚持农民主体地位，要尊重广大农民意愿，激发广大农民积极性、主动性、创造性，激活乡村振兴内生动力，让广大农民在乡村振兴中有更多获得感、幸福感、安全感……"。由此可见，关注农户行为、关注农户在制度中的行为特征，不仅是推动我国城镇化、农业现代化的关键，更是监测我国相关制度成效的有效标准。在此背景下，研究我国农户的城市落户与土地处置行为具有重要的现实意义。

我国正经历着世界上有史以来最大规模的农民向市民转移的过程（张义博，2018），国家城镇化的目标是"应落尽落""有序稳定落户"。现实中，各地普遍出现农民不愿意落户、农村土地资源配置扭曲的突出问题（黄忠华，2014）。最早在2003年的调研显示有46%的进城农民愿意落户城市（侯红娅，2004），2007年湖南地区的调研显示有63%的进城农民有落户意愿（李兴华，2007），2008年温州的调研数据显示有54%的进城农民有落户意愿（夏怡然，2010）。与此高落户意愿相对的是，更多学者发现随着时间的推移，进城农民落户定居的行为和意愿不进反退（唐宗力，2015），出现了显著的低意愿度（钟张宝，2015；张翼，2011）且低意愿度不存在代际差异（张翼，2011）。2017年国务院发展研究中心课题组表明，仅有2.6%的进城农民表示愿意落户。对城市落户意愿的原因探究中，学者们形成较为一致的观点，认为土地制度制约了进城农民的落户意愿（傅成，2017）。农村宅基地腾退、农村耕地、林地承包权退回、农村集体分红权丧失是制约进城农民落户的关键因素（张义博，2018）。此外，农民普遍的土地保障情结、农民土地退出权丧失、政府征收土地的"剪刀差"获益等均在不同程度上降低了进城农民的落户意愿（马晓河，2018）。因此，国家意识到，要促进农户城市落户，必须解除农户心中的"土地心结"。在土地制约农户城市落户的同时，土地的处置，尤其是外出打工农户家庭的土地处置问题也成为"空壳农村"亟待解决的"症状"。学者调研发现，农民进城在一定程度上会导致大量耕地无人种或无力种，加之流转困难，许多耕地只能抛荒（郏鼎玖，2000；林翊，2009）。也有学者关注了进城农民宅基地的处置情况，张怡然（2010）研究了进城农民对农村宅基地的处置方式，发现存在"人走屋空""宅基地建新不拆旧""新建住宅向外围扩展"等现象，形成了农村"空心化"与新房扩建占地相伴而生的情况（龙花楼，2006）。一方面，低城市落户率与土地低效配置问题说明，现有制度并没有很好地实现城镇化与农业现代化的目的，需要对制度进行优化，以期解决现实问题；另一方面，农户城市落户行为与土地处置行为不是两个独立的事件，是相互关联相互影响的，甚至会相互作用，形成循环累计的结果。因此，需要将两者纳入同一体系，进行综合分析。

第1章 绪 论

在此背景下，我国 2018 年 12 月修改了农村土地承包法。新土地承包法第二十七条"国家保护进城农户的土地承包经营权，不得以退出土地承包经营权作为农户进城落户的条件。承包期内，承包农户进城落户的，引导支持其按照自愿有偿原则依法在本集体经济组织内转让土地承包经营权或者将承包地交回发包方"，替代了旧土地承包法第二十六条规定"承包期内，全家迁入小城市落户的，应当按照承包方的意愿，保留其土地承包经营权或者允许依法进行土地承包经营权流转。承包期内，承包方全家迁入设区的市，转为非农业户口的，应当将承包的耕地和草地交回发包方。承包方不交回的，发包方可以收回承包的耕地和草地"。土地承包法的修改，将原有强制的"城市落户"必须"退回土地"的制度解除，扩大了"城市落户"还可以"保留土地"的选择集。修法的意义在于，赋予进城农户城市落户与土地处置的完全自主权，促进有序城镇化，提高农业现代化水平。那么，新土地承包法是否能解决旧土地承包法下"城市落户率低""土地配置效率低"的问题，是否能形成有效制度，打破原有农户均衡行为，刺激新的行为，最终达到制度目的呢？若有，程度有多大，若无，原因何在？以上问题的回答，是对新承包效果的检验，既有现实意义，又具有较强的前瞻性，为我国推动城镇化、农业现代化发展具有重大的理论与现实意义。

本书聚焦我国发展中出现的"城市落户率低""土地低效配置"等现象，关键探讨土地承包法修改能否通过改变农户"城市落户"与"土地处置"行为，最终实现"新型城镇化"与"农业现代化"的政策目的。在系统梳理已有文献的基础上，构建农户"城市落户"与"土地处置"行为矩阵，并理论探讨土地承包法修改导致矩阵的变动，以及这种变动对城镇化与农业现代化的影响。在理论分析的基础上，通过田野调查，获得农户数据，利用统计和计量经济学方法进行数据分析，最终检验新土地承包法导致农户行为匹配变化，以及这种变动效应。最终，在理论与调查分析之上，形成切实可行的新土地承包法下，推动我国新型城镇化、农业现代化的政策建议。

1.2 研究意义与内容

本书的研究目的、思路与研究内容如图1-1所示。

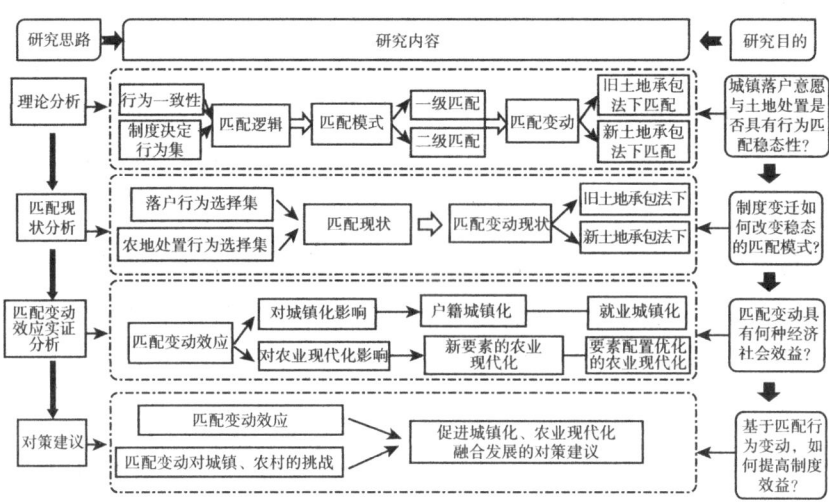

图1-1 本书的研究思路

1.2.1 研究目的与意义

（1）研究目的。

本书的研究目的有两个，一是探究在"理性人"行为一致性的前提下，农户的城市落户行为与土地处置行为之间是否具有匹配性，该匹配性是否具有稳定性；二是探究土地承包法修改是否能通过改变农户的"落户"与"土地处置"双重行为，进而对我国城镇化、农

第1章 绪　论

业现代化产生影响。为此，本书将总目标进行如下细分，形成各章节内容，最终完成本书的研究目的。具体分目标如下。

第一，农户城市落户与土地处置行为是否具有匹配性。行为经济学理论指出，在个体多样化行为中，不同行为之间会产生关联，形成稳定行为组合。在我国落户政策与土地政策具有大量交叉且相互关联的环境下，农户落户与土地处置的双重行为是否具有匹配性，如果存在，那么又有哪些匹配模式。

第二，土地承包法修改如何改变行为匹配模式。探讨土地承包法修改通过何种途径改变农户城市落户与土地处置行为。在"理性人"利益最大化原则下，旧土地承包法背景下的行为匹配模式会发生什么改变，以及匹配模式会发生怎样的动态变动形成新的稳定匹配模式。

第三，匹配模式的改变会对城镇化与农业现代化产生何种影响。城镇化与农业现代化的意义何在？匹配模式的改变是否能促进城镇化与农业现代化的发展？通过何种机制产生影响？

第四，促进城镇化、农业现代化发展的对策建议。在匹配模式影响效果的基础上，进一步探讨其对城市和农村带来的挑战和机遇，最终提出对策建议。

（2）研究意义。

①理论意义。第一，本书关注农民同期多行为，以经济学行为决策的分析范式，全面描述农民制度变迁下的决策过程，构建行为决策模型，丰富行为决策的理论内涵。第二，本书关注新土地承包法解除强制匹配约束后，农户落户意愿与土地处置从强制到自发匹配的动态变化，进而丰富了制度绩效理论。第三，本书尝试打开农户落户意愿与土地处置匹配模式的"黑箱"，探讨两者之间的动态关系与匹配机制，从农户行为视角丰富了匹配机制研究。

②现实意义：第一，本书大规模对农民进行问卷调查，厘清制度变迁下农户的行为变化规律，有助于检验新土地承包法的制度效果。

第二，本书在遵循农户行为规律下，考量行为对城市与农村的影响，并在新土地承包法下，提出对策建议，这为促进我国城镇化、农业现代化发展提供一定的理论参考。

1.2.2 研究思路与内容

本书遵循"理论分析—现状分析—实证分析—对策建议"的研究思路，完成了以下的主要研究内容。

第一，理论分析。该部分从理论层面回答三个问题，"什么是农户城市落户与农地处置匹配？""该匹配是否具有科学性，具有研究意义？""有哪些匹配选择集？"首先，以行为经济学与制度经济学为理论基础，遵循"个体行为一致性""制度形成行为选择集"的原则，运用逻辑分析方法，厘清"农户城镇落户"与"农地处置"的匹配逻辑。其次，在此逻辑下，分别对户籍制度、土地承包法下农户城镇落户选择集、农地处置选择集进行梳理，连接两行为的选择集形成本书的核心概念"农户城市落户"与"土地处置"匹配。依据农地产权的不同，将匹配分成"城市落户与土地承包权"的一级匹配，4种匹配模式；"城市落户与土地经营权"的二级匹配，6种匹配模式。最后，运用匹配选择集，基于完全理性利益最大化原则下，分析新土地承包法下匹配模式可能出现的变动。

第二，行为现状分析。该部分基于农户数据调研，厘清农户城市落户比例、土地处置结构。在农户城市落户的论述中，首先，分析贵州省整体城镇化水平，识别贵州城镇化特征及在全国所处地位。其次，运用微观调研数据，对新旧土地承包法下农户城市落户行为进行分析，识别不同制度下的行为特征。最后，辨析新旧土地承包法下农户城市落户行为是否具有显著的差异性。在土地承包法能显著提高农户城市落户比例的检验结果下，本书还探讨了被土地承包法释放群体的共性特征。在土地处置的论述中，运用相同的分析逻辑进行新旧土地承包法下的土地处置结构分析，并辨析土地承包法对土地处置行为的影响。结论表明，在新旧土地承包法下，农户土地承包权配置存在显著的差异性。保留土地群体数增加，自耕、闲置比例下降，流转比例上升，说明土地配置效率得到提升。

第三，效应实证分析。该部分属于计量分析部分，对农户行为匹配变动可能引发的后果进行分析，主要回答"土地承包法修改会导致行为匹配发生何种变化？""该种变化产生何种效应，是否能达到促进城镇化、农业现代化发展的修法初衷？"

第四，对策建议部分。该部分属于结论应用部分，在分析匹配变迁对城镇化与农业现代化的影响基础上，进一步分析匹配变迁对城市与农村的治理挑战，在以上的基础上，提出提高制度效应，促进城镇化、农业现代化发展的对策建议。

1.3 研究方法与技术路线

本书的研究方法与研究内容的对应，如图1-2所示。

（1）逻辑分析方法。逻辑分析方法主要用在理论分析部分与对策建议部分。在文献基础与经典理论的基础上，运用逻辑分析方法对本书所涉及的匹配逻辑进行梳理。在匹配变动效应以及匹配变动对城市、农村挑战的基础上，运用逻辑分析方法，提出促进城镇化、农业现代化融合发展的对策建议。

（2）对比分析方法。对比分析方法是本书的关键研究方法，尤其重点运用在理论分析、匹配变动效应两个部分。首先，运用对比分析方法辨析新旧土地承包法的差异，并提炼出土地承包法修改对农户匹配行为产生的影响；其次，运用对比分析方法，对新旧土地承包法

新土地承包法下农户城市落户与土地处置的动态匹配研究

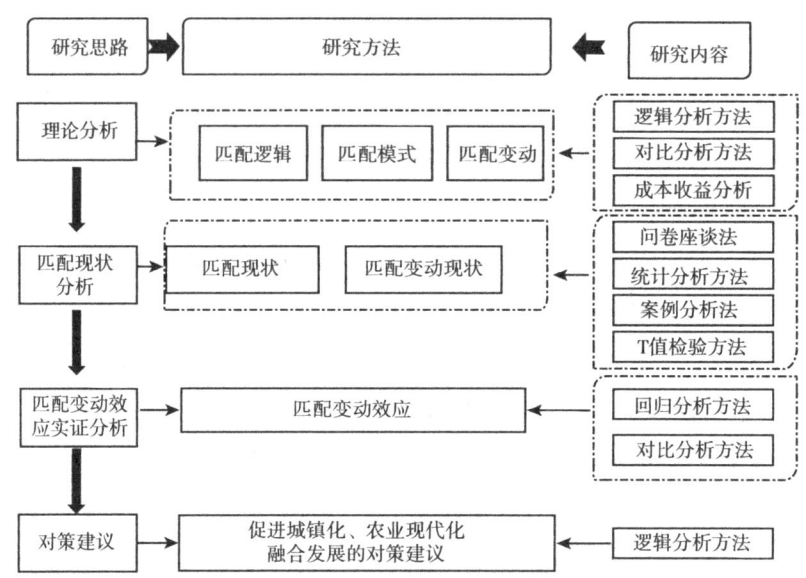

图1-2 本书的技术路线与研究方法

下农户城市落户意愿、土地处置行为进行对比分析,并量化变动程度。

(3) 问卷调查与座谈法。该方法主要用在匹配现状与匹配变动部分。运用问卷调查法,对进城农民的制度认知、土地处置方式、落户意愿等进行数据采集。编制访谈提纲,对调研地区城市户籍管理机构、农村村集体等组织进行座谈,了解地方户籍制度与土地制度规定,整体掌握地方进城农民落户情况、进城农民土地整体处理情况。

(4) 成本收益分析方法。该方法主要运用在理论匹配变动分析部分,基于农户"理性人"假设,运用农户成本收益,推断农户匹配模式的变动轨迹。

(5) 案例分析与比较分析方法。对进城农民匹配行为的现状、变动原因、匹配收益等进行单案例和多案例分析。

第 1 章 绪 论

（6）统计分析方法。该方法主要运用在以下两个部分。第一，对农户调研数据进行统计分析，厘清农户城市落户意愿、土地处置现状；第二，运用统计分析方法，对匹配模式的分布结构进行分析。

（7）回归分析方法。该方法主要运用在匹配变动效应部分，分别运用有序 Logit，Probit，Logistic 等模型，回归分析匹配变动对城镇化、农业现代化的影响。

（8）T 值检验。该方法主要运用在匹配现状部分，探讨土地承包法修改是否对农户城市落户意愿、土地处置行为产生显著影响。

1.4 数据来源与基本情况

1.4.1 数据来源

本书数据主要来自课题组的入户调研。本书主要考量农户城市落户与土地处置行为，涉及时间点分别是土地承包法修改前与土地承包法修改后。所需要的主要数据是旧土地承包法下的农户城市落户行为、土地处置行为，新土地承包法下的农户城市落户意愿与土地处置预期。因此，调研的目标群体两类：第一类是农户；第二类是曾经是农户，现阶段已经城市落户的群体。为能同时获取两类对象，调研地点分别选择在贵州省主要城市的打工聚集点与部分农村。打工聚集点主要是建筑点、商铺等，农村调研主要是入户调研。

课题组于 2020 年 8 月、10 月，2021 年 4 月、5 月陆续在贵州省贵阳市、安顺市、铜仁市、毕节市、遵义市、天柱县、湄潭县等地开展调查，通过一对一问卷调研的方式获得样本数据。课题组共发放问卷 600 份，获得问卷 578 份，剔除空白问卷、前后矛盾问卷、关键问题缺失问卷，共获得有效问卷 548 份，问卷有效率为 91.3%。

1.4.2 基本信息

对问卷数据进行基本信息分析,如表 1-1 所示。

表 1-1　　　　　　　　调研样本分布情况

城镇	乡村	样本量(份)	比重(%)	内容	样本量(份)	比重(%)
贵阳市		213	38.9	调研对象-男	339	61.9
铜仁市		116	21.2	调研对象-女	209	38.1
毕节市		52	9.5	调研对象-户主	366	66.8
遵义市		55	10	调研对象-户主配偶	122	22.3
安顺市		51	9.3	调研对象-户主子女	10	1.8
	湄潭县抄乐乡	20	3.6	收入≤5万	141	25.7
	盘县四格乡	13	2.4	5万<收入≤10万	254	46.4
	德江县共和乡	12	2.2	10万<收入≤20万	112	20.4
	织金县大坪寨乡	16	2.9	收入>20万	40	7.3
总计		548	100	总计	548	100

在调研地分类中,城市样本与农村样本占比分别是 88.6% 与 11.4%;从调研对象性别来看,有 339 份男性作答,占比为 61.9%,有 209 份为女性作答,占比为 38.1%;从调研对象所处的家庭角色来看,户主有 366 份,占比为 66.8%,户主配额有 122 份,占比为 22.3%,户主子女有 10 份,占比为 1.8%;从农户的收入结构来看,家庭年收入 5 万元及以下的有 141 户,占比为 25.7%,年收入在大于 5 万元、小于等于 10 万元的有 254 户,占比为 46.4%,年收入大于 10 万元小于等于 20 万元的有 112 户,占比为 20.4%,年收入大于 20 万元的有 40 户,占比为 7.3%。从样本分布来看,农民工群体较多,多为户主角色,收入在 5 万~10 万元之间,正是感知新土地承包法变迁的最佳群体,为探究制度变迁下的行为匹配提供了较好的

第1章 绪　论

样本。

本书数据需要同时考量新旧土地承包法下的农户行为，运用的是情景假设法，因此，数据之间具有一定的逻辑关系。本书主要有以下三个方面的逻辑性，结合样本分布进行介绍。

第一，新旧土地承包法下农户城市落户行为的数据结构。全样本是由旧土地承包法下已经城市落户以及未城市落户的群体构成，在进一步对新土地承包法下落户意愿进行研究，对象群体就只能是旧土地承包法下未城市落户的群体，而不再包含已经落户的群体。因为本书需要考量土地承包法修改变量，而控制其他变量对落户行为的影响。基于以上思考，形成数据结构分布图，如图1-3所示。

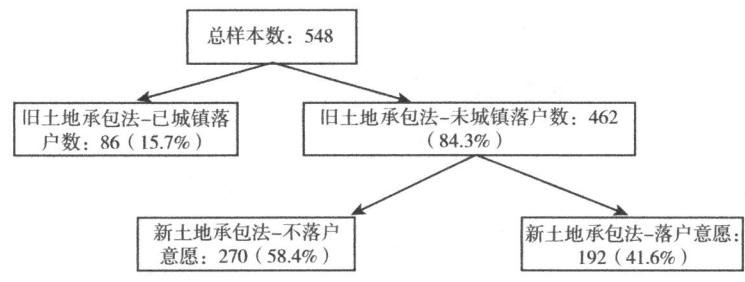

图1-3　城市落户样本数据结构分布

在总样本548份中，有86份在旧土地承包法下就有了城市落户的实际行为，即从农村居民转化为城镇居民。在剩下的462份未城市落户中，继续调研新土地承包法下的城市落户意愿，其中有270户不愿意城市落户，有192份愿意城市落户。

第二，新旧土地承包法下土地处置行为的数据结构。在旧土地承包法下，土地处置行为分为退回与保留两类；在新土地承包法下，继续考量制度调整后土地退回还是保留的处置行为，只能锁定在原有保留土地的群体中，形成如图1-4所示的数据结构。

在总样本548份中，有100户农户在旧土地承包法下已退回了土

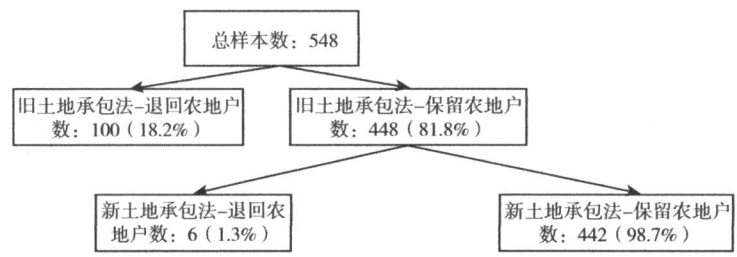

图 1-4 土地处置样本数据分布

地,有448户保留土地,占比分别为18.2%和81.8%。在保留的448份样本中,有6户选择退回土地,占比为1.3%,有442户选择保留土地,占比为98.7%。

第三,行为匹配数据结构。本书的匹配指农户城市落户行为与土地处置行为匹配,并设置新旧土地承包法下匹配变迁研究。在旧土地承包法下,全样本能形成落户行为与土地承包权处置的一级行为匹配;在新土地承包法下,要考量制度变迁对农户城市落户与土地处置的行为匹配,需要同时剔除"已经城市落户"以及"已经退回土地"的两类群体,即,仅能在旧土地承包法下同时具备未城市落户与保留土地的群体内进行进一步研究。形成如图1-5所示的数据结构。

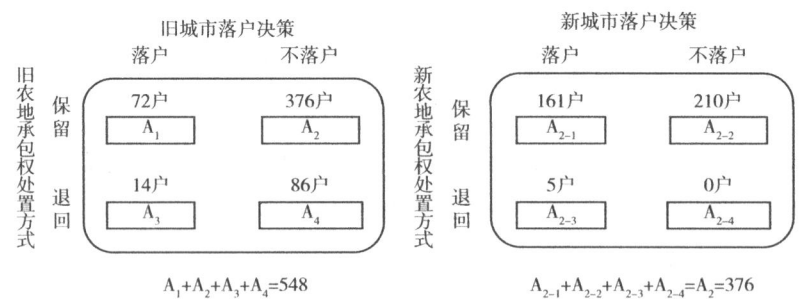

图 1-5 农户一级行为匹配数据

在总样本548份中,旧土地承包法下的行为匹配,分别分布在A_1、A_2、A_3、A_4四种匹配模式中。新土地承包法下的行为匹配,需要考量新土地承包法下的农户城市落户意愿与土地处置行为,就只能在 A_2 行为匹配模式下,继续形成 A_{2-1}、A_{2-2}、A_{2-3}、A_{2-4} 的匹配模式。因此,新土地承包法下的总样本仅有 376 份。

本书还涉及土地经营权处置行为与城市落户行为构成的二级匹配,经营权处置是在承包权保留的基础上进行的"自耕、流转、闲置"的处置方式,因此,二级匹配的样本仅限保留土地经营权的样本,具体逻辑关系与样本分布如图 1-6 所示。

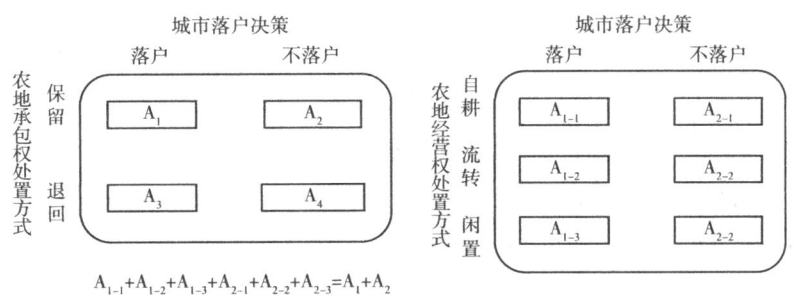

图 1-6 农户二级行为匹配数据

二级匹配数据是一级匹配数据中 A_1 与 A_2 的总和,因此,在旧土地承包法下,一级匹配数据总样本是 548 份,二级匹配样本是 A_1 与 A_2 总和 448 份;在新土地承包法下,一级匹配样本总数是 376 份,二级匹配样本是保留土地的样本数 371 份。

1.5 概念界定及结构安排

1.5.1 概念界定

(1) 新旧土地承包法。

本书的土地承包法是《中华人民共和国土地承包法》的简称,

是维持和完善以家庭承包经营为基础、统分结合的双层经营体制，赋予农民长期而有保障的土地使用权，维护农村土地承包当事人的合法权益的法律。

土地承包法2002年通过，2003年生效实施，经过了2009年与2018年的两次修改。本书所指的新土地承包法与旧土地承包法，是以2018年的修改为分界点的。2018年以前的土地承包法实施条件为旧土地承包法，2018年以后的土地承包法实施条件为新土地承包法。对本书而言，新旧土地承包法最大的变迁内容是，将原有第二十六条规定"承包期内，全家迁入小城市落户的，应当按照承包方的意愿，保留其土地承包经营权或者允许依法进行土地承包经营权流转。承包期内，承包方全家迁入设区的市，转为非农业户口的，应当将承包的耕地和草地交回发包方。承包方不交回的，发包方可以收回承包的耕地和草地"，修订为第二十七条规定"国家保护进城农户的土地承包经营权，不得以退出土地承包经营权作为农户进城落户的条件。承包期内，承包农户进城落户的，引导支持其按照自愿有偿原则依法在本集体经济组织内转让土地承包经营权或者将承包地交回发包方"。即农户迁入大、中城市均没必要退回土地承包经营权。

此外，本书所指的制度也泛指土地承包法，制度变迁指新土地承包法（2018年修订后）对旧土地承包法（2018年修订前）的改变。

（2）农户进城落户行为。

本书中农户进城落户行为指"农户选择从农村户籍转为城市户籍的行为决策"。该概念有三点需要做进一步说明：

第一，研究对象为农户而非农民。从制度层面来看，旧土地承包法中第二十六条明文指出"全家迁入小城市落户的……""承包期内，承包方全家迁入市区的并转化为非农业户口的……"可见，制度对象不是单个个体而是农户全家。新土地承包法中第二十七条中的对象规定是"国家保护进城农户的土地承包经营权""承包期内，承

第 1 章 绪 论

包农户进城落户的"，新土地承包法也明确规定落户对象是农户家庭。因此，从制度层面来看，研究对象应锁定为农户。从理论层面来看，城市落户是家庭的重大决策，不仅是家庭生计来源的改变，更是生活方式的巨大改变，是从农业文化生存方式向城市工业文化生存方式的转变。随着社会进步，整体教育水平的提升，我国家庭结构从传统的"男尊女卑""男性说了算""一言堂"的决策方式转变为"共同决策""男女平等""集体决策"的结构。因此，在家庭重大事件决策上，更多的是农户集体决策，而不是单个农户的"独断决策"。Chari（2020）在考量《农村土地承包法》对土地、劳动力配置影响中，也选用 19000 户的农户数据。基于以上分析，本书将研究对象锁定为"农户"家庭，而非"农民"。

第二，落户地点"进城"泛指城市与城镇，同时也没有区分大、中、小城规模。一方面，"进城"泛指城市与城镇，并未进行城市与城镇的区别对待；另一方面，城市规模并未进行区分。旧土地承包法中将小城镇与其他城镇进行区别，有着不同的土地处置规定。新土地承包法中并未对城镇进行区分，统称为"进城"。因此，从制度层面，本书遵循新土地承包法的提法，统称"进城"。在调研中，较难区分农户落户小、中、大城市的差异。预调研中尝试区分城市规模的落户倾向，一方面，很难界定大、中、小的规模，虽然 2014 年国务院印发的《关于调整城市规模划分标准的通知》中规定"城镇规模划分以城区常住人口为统计口径。常住人口 5 万以下的城市为小城市，50 万以上 100 万以下的城市为中等城市，100 万以上 500 万以下的为大城市，500 万以上的 1000 万以下的城市为特大城市，1000 万以上的为超大城市"，但在问卷调研时，调研组成员与调研农户都很难有明确人口数形成的小、中、大规模的城市概念，这直接影响了调研结果的准确性。另一方面，预调研中，农户表示我愿意落户在××镇，课题组需要花很大力气去核实××镇的所属城市类型，成本较大。基于以上原因，本书没有区分城市规模，而统一用"进城落户"来泛指。

第三，落户行为包括"落户实际行为"与"落户意愿"两个维度。行为经济学中，行为有狭义与广义之分。狭义行为是结果导向，单指"实际行为"，已经发生了"是与否"的结果。广义行为是过程导向，泛指"认知、态度、意愿、行为"，Ajzen（1991）在计划行为理论中（Theory of planned behavior，TPB）就探讨了"感知、意愿、行为"三者的关系。本书的落户行为采用的是广义的行为概念，主要包含"落户意愿"与"实际落户行为"。在旧土地承包法下，是过去发生的行为，该处所指旧土地承包法下，实际发生的农户选择城市落户的行为结果。在新土地承包法下，是对未来的预期，更看重过程，该处所指的是农户在新土地承包法下未来选择城市落户的意愿。

鉴于以上界定，本书中"进城""城市""城镇"均是统一概念；落户行为在旧土地承包法下是狭义"落户行为"，在新土地承包法下是广义落户行为下的"落户意愿"

（3）动态匹配。

本书中的动态匹配指制度变迁导致的农户城市落户与土地处置行为匹配模式的变化。对该概念进行以下三点说明。

第一，匹配对象是行为与行为。行为匹配是匹配领域的一个研究内容，如新生代农民工"教育行为—求职行为"匹配（王广慧，2014）、"夫妻教育行为—夫妻吸烟行为"匹配（Maralani，2021）。本书基于心理学中个体行为协调一致性，以及制度经济学中，制度决定行为子集的原理，进行农户落户行为与土地处置行为的匹配研究。

第二，匹配模式是制度下农户落户与土地处置的双行为选择集。在匹配对象是"行为—行为"的基础上，本书将行为进行界定，行为1是农户的城市落户行为，行为2是农户的土地处置行为。行为1有两个选择维度，分别是选择城市落户以及不选择城市落户，行为2

第1章 绪　论

的土地处置行为包括两个维度，第一维度是土地承包权的处置，包括保留和退回；第二维度是土地经营权的处置，在第一维度保留土地承包权的基础上，第二维度有"自耕、流转、闲置"的三种选择。依据以上的行为选择划分，本书得到以下的10种匹配模式，其中A1、A2、A3、A4是第一维度的行为匹配模式，A1-1、A1-2、A1-3、A2-1、A2-2、A2-3是第二维度的行为匹配模式。总之，本书中匹配模式指的是农户"城市落户行为"与"土地处置行为"双行为选择下的不同组合结果，如图1-7所示。

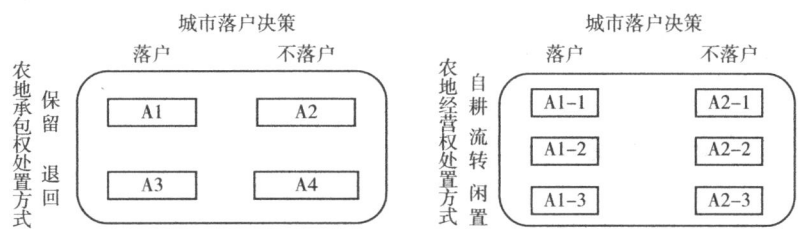

图1-7　匹配模式概念

第三，动态匹配是匹配模式变迁的过程。行为匹配具有巩固性（consolidation）（Maralani，2021）。制度经济学指出，个体行为具有路径依赖以及自我强化性。在外界条件尤其是价格不改变的情况下，个体行为效用最大化，节约交易成本的原则下，会形成个体行为的路径依赖以及自我强化特征（North，1990）。行为匹配之间也存在同样的行为特征，一旦匹配形成后，就会形成匹配路径依赖与自我强化，形成一个匹配稳态。当外界约束条件发生改变时，个体行为会随之调整，匹配也会发生改变。本书遵循以上的理论基础，提出了农村土地承包法修改导致的动态匹配概念，如图1-8所示。

在旧土地承包法下，农户具有一个稳态的匹配模式。土地承包法修改后，改变落户行为与土地处置行为的选择集，以及不同行为的成本收益，最终导致新土地承包法制度下，匹配模式会发生改变，形成

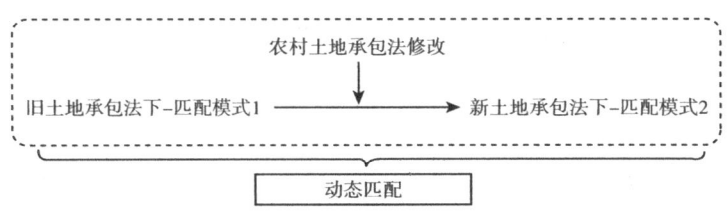

图 1-8 动态匹配概念

新制度下的稳态匹配模式 2。制度的调整导致匹配模式 1 到匹配模式 2 转变的过程,就是本书所指的动态匹配。

鉴于以上界定,本书中会存在"匹配行为""匹配模式""匹配模式分布"等提法,均基于以上概念而来。

1.5.2 结构安排

本书依据研究思路共分为六个部分。

第一部分绪论:全书的总概。分别就问题导入、研究背景、研究目的意义、技术路线研究方法、数据分析基本情况、概念界定、创新等方面对全书的基本情况进行介绍。

第二部分:理论基础。首先,对与本书相关的农户行为理论、劳动力迁移理论进行回顾形成本书的理论基础;其次,从城市落户、土地处置、匹配、土地承包法相关研究进行文献综述,获取本书的研究思路;最后,在理论与文献基础上形成本书的分析框架。

第三部分:理论研究。在第二部分的基础上,展开本书的理论研究部分,即从理论上探讨农户城市落户选择与土地处置的匹配逻辑。首先,提出匹配逻辑是基于"理性人"行为与行为一致性原则而得,即农户行为是追求利益最大化,同时行为与行为之间具有一致性,进而避免自我认知失调;其次,基于我国对落户与土地处置的相关法律、政策规定,厘清我国农户城市落户选择集、农户土地处置集、落户与土地处置匹配选择集；最后，识别出新土地承包法制度变迁对农户落户与土地处置匹配的影响。

第四部分：现状部分。利用一手调查数据，对农户城市落户、土地处置进行意愿分析，重点探讨新土地承包法前后农户落户、土地处置行为的差异性。

第五部分：匹配研究部分。一方面，利用调研数据，对制度变迁前后农户落户与土地处置行为匹配的区间分布进行研究，并识别匹配区间分布的变动特征。另一方面，从变动后的匹配区间分布来看，这种变动对我国城市与农村发展的影响。

第六部分：启示、对策建议部分。基于变动对城市与农村的影响研究，提出推进我国有序城镇化、乡村振兴的启示意义及对策建议。

1.6　创新之处

第一，单行为到多行为的突破。以往研究制度绩效、制度响应的文献，多对制度变迁下行为人的单行为进行分析。本书认为，我国城镇化发展与农业现代化发展是相关互联的，制度之间也是互相关联、互为条件的。因此，土地承包法的修改，不但会对农户城市落户行为产生影响，也会对农业现代化中的土地处置产生影响。此外，新土地承包法第二十七条的修改，正是以放松土地处置选择集为条件，促进农户城市落户行为，因此城市落户与土地处置之间是具有某种特定关联的。基于此，本书突破传统制度下单一行为的研究，扩展到相关联的双行为研究，形成双行为匹配，并考察匹配的稳定性，以及外界条件变化后，原有稳定匹配模式如何变迁，变迁后的影响等一系列问题。

第二，农民群体到"农户＋城市落户群体"的突破。以往研究城市落户行为、意愿的文献，研究对象多以进城农民工，或者农民为主要群体。本书关注的是，新旧土地承包法下农户的落户与土地处置行为匹配。因此锁定的群体有四类，一是旧土地承包法下已经城市落户的群体；二是旧土地承包法下未城市落户群体；三是新土地承包法下有意愿城市落户的群体；四是新土地承包法下无意愿城市落户的群体。因此，本书的研究对象需要在原有文献研究对象群体中，扩展到已城市落户的群体。此外，已有文献多以农民单个个体行为为研究对象，本书认为，无论是城市落户还是土地处置都是农户家庭里的重要决策，而不仅仅是农民个体基于"个人利益最大化"的个体决策，因此，借鉴加里贝克尔的家庭经济行为理论，将本书的研究对象瞄准"农户＋已城市落户群体"。最后，本书主要是考量土地承包法修改后的行为匹配与匹配模式变迁效应，因此，调研数据锁定在新土地承包法修改后的最新农户数据，这是对已有城市落户数据的更新。

新土地承包法下农户
城市落户与土地处置的
动态匹配研究
Chapter 2

第2章 文献综述与分析框架

本章首先对国内外相关经典理论进行回顾,包括农户行为理论、劳动力迁移理论;其次,对农户城市落户、土地处置、匹配相关文献进行综述;最后,在理论与文献基础上,提出本书研究的整体分析框架。

2.1 理论回顾

2.1.1 农户行为理论

农户行为理论是农户行为规律的研究,从已有理论来看,基于人性的三种假设为依据,主要分为宗法小农、理性小农、道义小农、过密小农、现代小农。

(1)宗法小农。

"宗法小农"理论以马克思对农户行为的描述形成,主要是建立在如何改造这种已过时的小农生产方式的出发点和落脚点上的。

马克思在其著作《法德农民问题》中,将小农（small peasant）界定为"小块土地的所有者或者租佃者,尤其是所有者,这块土地既不大于他以自己全家的力量通常所能耕种的限度,也不小于足以养活他的家口的限度"。小农的生产方式形成了对应的小农行为与思考方式。"他们排斥社会劳动生产力的发展、劳动的社会形式、资本的社会积累,排斥协作,排斥统一生产过程内部的分工,排斥社会对自然的统治和支配,排斥社会生产力的自由发展。他只同生产和社会的狭隘的自然产生的界限相容"。他们反对创新与改革:"农民不是革命的,而是保守的。不仅如此,他们甚至是反动的,因为他们力图使历史的车轮倒转""他们的生产过程是在原有规模上即在原有技术基础上的重复。"这种"孤立""小规模""缺乏合作""拒绝革新"的小农意识和行为最终将会导致小农经济的消失。"我们的小农，同过时的生产方式的任何残余一样，在不可挽回的走向灭亡，他们是未来的无产者。"宗法小农理论中小农的"自私""保守""孤立""落后""必定灭亡"特征，引起了多国改造小农的思想与实践。毛泽东认为"改造小农的严重问题是教育农民放弃小生产、小私有"。列宁认为"不实行土地国有化不能完成土地革命的历史使命""要是完全实现了合作化，我们也就在社会主义基地上站稳了脚跟"，此外"生产社会化""物质技术基础""增强教育"等也是列宁认为改变小农意识的主张。

宗法小农是在中世纪西欧国家土地私有、资本主义剥削小农的特殊时代背景下提出的。随着无产阶级革命的胜利以及多国改造小农经济的相继失败，宗法小农的理论也体现其时代背景的局限性（陈胜祥，2010）。

（2）理性小农。

理性小农是以舒尔茨（1987）、波普金（1979）为代表的，建立在新古典经济学完全竞争、"理性人"假设下的小农行为理论。

舒尔茨的理性小农是针对当时"工业是经济增长的主动力""农业落后低效"主流观点的反驳。舒尔茨基于20世纪60年代印度尼西亚、印度、南美等国家和地区的小农案例，在其著作《改造传统农业》中提出"农民是有效率的""农民是理性"的观点。他认为"农民是贫困而有效率的"，传统农业的贫困是因为传统边际投入下的收益递减，是旧要素配置已实现最大化后的结果。一旦有新的生产要素引入，农户会毫不犹豫地成为最大利润的追求者，实现要素的最佳化配置。舒尔茨开创性地在书中提出了人力资本概念，并将其与劳动力区分，视为最重要的生产要素。舒尔茨认为，农民总是"斤斤计较"地权衡每一个生产要素的取舍，没有比农民更加"理性"的群体。小农的行为和企业家的一样，都是基于成本—收益思考，追求利润最大化原则的理性行为。随后，波普金推进了舒尔茨的结论，认为"小农是一个在权衡长短期利益及风险因素之后，为追求最大生产利益而做出合理决策的人，是理性小农"。

理性小农的提出，从经济学领域对小农行为做出了系统的解释，为研究农户行为提供了一个全新的视角。弗兰克·艾利思（2006）在《农民经济学——农民家庭农业和农业发展》中评论"舒尔茨理性假说最重要的是成功地把农民经济理性引入经济学，从这里出发，探讨隐藏在农民生产后面的逻辑，而不再是简单地把农民视为落后的群体"。

（3）道义小农。

道义小农是以恰亚诺夫、卡尔·波兰尼、詹姆斯·斯科特为代表的农户"生存经济"理论。

恰亚诺夫（1996）以20世纪30年代俄国革命以前的小农为研究对象，在其《农民经济组织》中阐述了道义小农的主要思想。他认为农户依然具有理性行为，但是并非纯经济的理性选择，而是基于自家消费需求和劳动辛苦程度的权衡，即"劳动—消费均衡"。农场的投入形成农户的"劳动辛苦程度"，增加消费所带来的"消费满足感"，两者之间的均衡决定了农户的劳动投入。一旦达到均衡，就算有再高的劳动收益，农户也不会继续投入。此外，恰亚诺夫深信"农民家庭农场是具有生命力、稳定性和优越性的""农业进步主要靠纵向一体化，而不是横向一体化"的农业发展方向。卡尔·波兰尼（2001）在《大转型：我们时代的政治与经济起源》一书中提出其主要观点：农户的行为受到文化习俗、道德规范约束，农户追求的是生存安全，而道理伦理是其行为的主要行为动机。詹姆斯·斯科特（2001）在其代表作《农民的道义经济》中进一步推进了恰亚诺夫的观点。他认为"当一阵风浪打来，就可能淹没已经处于齐颈深的东南亚农民，根本不具备按照收益最大化行为的条件"。他们的行为原则是"生存第一""避免风险""安全第一"。

生存小农理论将小农的理性行为从纯经济领域扩展到了经济社会领域,学者们形象地称其为"活着"的经济学(张杰,2014)。农户思考的不仅仅是经济利益与成本,还有"劳动疲劳"的感知。劳动经济学中行为人"消费—休闲"的行为决策与生存小农理论异曲同工。此外,农户只有在"安全"后才会经济权衡的安全理性观点,也让学者们意识到农户生存保障、安全保障的重要性。

(4)过密化小农。

华裔学者黄宗智考察了中国明清以来、1985年以前的华北及长江三角洲地区农村的社会经济变迁,在融合恰亚诺夫生存小农与舒尔茨理性小农的研究结果后,提出了内卷化小农理论,也有学者称其为"内卷化小农理论"和"综合小农理论"。其代表作为《长江三角洲小农家庭与乡村发展》《华北的小农经济与社会变迁》。

黄宗智认为,中国农业是"没有发展的增长"和"过密型的商品化",即"农户家庭在边际报酬十分低下的情况下,依然会通过精耕细作向有限的土地投入更多的劳动,以维持家庭生计"。其原因是"农户家庭没有边际报酬概念""农户家庭受到耕地规模限制""家庭劳动力剩余过多,而又没有很好的就业机会,即劳动的机会成本几乎为零"。此外,黄宗智提出的"拐杖理论"也道出了中国农民经济的行为逻辑。黄宗智认为,小农收入=家庭农业收入+非农收入,家庭收入相对于人的"双腿",非农收入相当于"拐杖",只有在双腿不便时才会使用上拐杖,即农户只有在家庭收入不够支配的情况下,才会选择非农就业获取非农收入。黄宗智认为该逻辑从中国西汉以来就没有质的改变,尤其是在经济落后地区的小农。

"过密化小农"能较好地解释中国城乡二元结构下的小农行为,但随着外围约束条件的变化,中国城乡制度的调整,该理论就具有一定局限性。在现阶段的中国,农民不是"过密化"耕种,更多的是

"空心化"的外出打工，非农收入也逐渐成为现中国农民的主要收入来源。

（5）现代小农。

近年来，随着中国外围制度环境的改变，学者们也提出了农户行为的不同主张，在此统称为现代小农理论。

社会小农：徐勇、邓大才（2006）认为，现代小农是"社会化小农"。尽管农户经营规模小，但是已经越来越深地被卷入一个开放、流动、分工的社会体系中。社会小农会崇尚"货币伦理"，追求货币收入最大化。

家庭小农：加里·贝克尔（1987）认为，农业中应以农户家庭为最小经济组织进行研究，农户的生产与消费决策可以分开进行，就顺序上而言，农户可以先最优决策生产再决定最优消费，而农户的这种先生产后消费的现象，贝克尔称其为迭代性（recursiveness）。肖经建（1993）也认为，农户家庭是农业问题分析的基本单位，生产与消费是一系列家庭在交换活动中完成的。可见，家庭小农是将研究单位从"个人"向"家庭"转变，认为"家庭行为"比"个人行为"更具有解释性。这对于解释"集体主义"下的中国农民行为具有重要的意义。

制度小农：宋洪远（1994）对中华人民共和国成立前、改革开放前、改革开放后的中国农户行为进行研究，认为中国农户行为需要在特定的经济体制下考量，不同的经济体制结构下具有相应的农户经济行为特征。总体而言，农户的行为会受到以下基本因素的制约：首先，利益是农户行为的第一动力机制，缺少它"农户对外部信号就不会做出也不愿做出反应"；其次，农户要具备对外部信号做出反应的能力，即"决策和选择的权力"；最后，在满足利益和权力条件下，农户对外部环境做出反应，反应的速度取决于得到信息以及接受信息的速度。

现代小农理论对我们研究现阶段农户行为具有非常重要的意义，中国农民一直受传统的"集权主义""家族主义""关系社会"的影响，因此其行为中的"制度要素""家庭要素""社会关系要素"就显得尤其重要。这为本书的农户行为研究提供了重要的理论借鉴。

2.1.2 劳动力迁移理论

劳动力迁移理论是发展经济学的核心理论，其关键议题是"劳动力迁移方向是什么"以及"什么是影响劳动力迁移的主要动力"，围绕此议题，学术界形成了古典劳动力迁移理论、新古典劳动力迁移理论、新劳动力迁移理论三个发展阶段。

（1）古典劳动力迁移理论。

刘易斯剩余劳动力理论。刘易斯在1954年提出传统农业剩余劳动力理论，奠定了劳动力迁移理论的基础。该理论蕴含了三个基本观点，第一，农业部门存在大量的劳动力剩余，该种剩余不受制于马尔萨斯的资源制约人口增长，而假设传统社会的生育决策不完全受经济因素左右；第二，工业部门存在无限的供给，能容纳足够多的农业剩余劳动力；第三，发展中国家只存在传统农业部门和现代部门，只要现代工业部门提供略高于生存工资，劳动力就会向现代工业部门转移。

乔根森模型。该模型对刘易斯的无限农村劳动力剩余假设进行了拓展。乔根森认为，农业剩余规模越大，劳动力转移规模也越大，两者同比例增长。农村剩余劳动力转移的前提条件是农业剩余。当农业剩余等于零时，不存在农村剩余劳动力转移。只有当农业剩余大于零时，才有可能形成农村剩余劳动力转移。

兰尼斯—费景汉二元结构理论。兰尼斯和费景汉放宽刘易斯理论中农业劳动力剩余与工业无限供给的假说，形成二元经济结构理论。

该理论指出，农业劳动力剩余与工业无限供给并非永恒不变，两者在两个阶段存在不同的关系。第一个阶段农业存在剩余劳动力，工业供给充分，城乡市场不统一，形成"二元结构"，工业能吸收大量的农村剩余劳动力，该阶段对应刘易斯剩余劳动力理论。第二个阶段剩余劳动力被工业完全吸收，工业就业供给紧缩，农村剩余劳动力缩小，城乡结构统一，社会进入现代经济阶段，该阶段将不存在大量农业劳动力城市迁移的现象。两阶段的转折点，称为刘易斯转折点。该模型从劳动力转移的无阻碍过程变成可能受阻的过程，当农业边际生产率大于不变的制度工资时，劳动力转移就会受到阻碍。此过程强调了农业与工业发展的均衡性，工业不是无限扩张，而是受制于农业发展。农业劳动力、初级产品对工业发展的制约抑制了劳动力无限流动的趋势。

舒尔茨迁移成本收益理论。舒尔茨从成本收益角度指出，劳动力迁移的动力来自迁移的成本与收益权衡。当迁移的收益大于成本时，人们才做出迁移的决策，反之，人们不会选择迁移。该理论下，迁移收益指迁移者预期收益，包含经济收益与非经济收益，成本也包括货币成本和非货币成本。

古典劳动力迁移理论有着三个基本特点。第一，着眼于宏观视角，从农业与工业发展关系进行探讨劳动力的流动。第二，两部门经济假设，假设发展中社会只存在两部门经济，即传统农业与现代工业。传统农业存在大量剩余劳动力，而现代城市发展具有大量的用工需求，在完全竞争市场下，劳动力无阻碍地发生迁移。第三，劳动力迁移的动力来自城乡或者工业与农业之间的工资差，因此流动方向往往是从工资低的农业与农村，迁移到工资较高的工业与城市。古典理论能很好地对中国劳动力迁移作出解释（姚洋，2012），改革开放初期，农村人口占比80%以上，1990年后大量农村劳动力被挤出农业，其情形与刘易斯理论相类似。21世纪后，剩余劳动力数量大大下降，即使名义和实际工资增长都超过了15%（Knight，2010），在沿海城市依然出现了"招工难"的情况，部分学者认为中国已经跨越了刘易斯拐点（蔡昉，2008）。

（2）新古典劳动力迁移理论。

托达罗模型。托达罗将劳动力转移分析视角从宏观转移到了微观，构建以一个人决策为基础的城乡转移模式。该模型在古典劳动力迁移理论基础上放宽了两个假设性条件：第一，社会部门不仅存在农业与工业，还存在从农业到工业的过渡部门，即一般的服务经营性部门，作为劳动迁移者的过渡选择。第二，工业部门就业不是无限供给的，也存在劳动者迁移到城市后找不到工作的可能性。在此假设基础上，托达罗模型指出，城乡预期收入差距是影响劳动力迁移的主要因素，此外，由于城市收入是一个预期收入，不仅与城市收入的市场平均工资相关，还与迁移者对获取城市就业概率的自我评估密切相关。

推—拉理论。唐纳德伯格（1985）提出推—拉理论，认为劳动力迁移受到两种力量的作用：一种是迁入地的拉力，如迁入地的经济与福利的吸引；另一种是迁出地的推力，如迁出地的不利因素的排斥。个体作出是否迁移的决策取决于两种力量同时作用的结果。在此推—拉理论基础上，美国学者李（E. S. Lee）解释了从迁出地到迁入地的过程中遇到的吸力和阻力以及不同人群对此的反映。吉佛"引力理论"认为，人口迁移量与迁入地与迁出地两个地域的人口规模和距离有明显的联系，迁移量与两地人口数的乘积成正比，与其距离成反比。贝克尔"歧视理论"认为，群体歧视感可能是抑制人口迁移的拉力。一个人宁愿承担一定的费用，也不愿与某个群体的成员打交道，即如果某人具有歧视性偏好，那么他就乐于处于某一群体，以该群体替代另一群体并为此支付某种费用，这种费用可以是直接的，也可以是间接的，如放弃一部分收入，因此，存在即使城市收入高也不愿迁移的情况。

新古典劳动力迁移理论继承了新古典经济学的边际效用分析方法，从迁移成本收益进行决策权衡，视角更偏向微观经济学的个体行为决策。在新古典劳动力迁移理论中，迁移收益来自城市就业收入，迁移成本来自农村就业收入，因此两地收入差是决定是否迁移的关键。在此思想下，托达罗模型加入了城市就业概率，推—拉理论考量了迁入地与迁出地之间除收入外的其他引力作用。这些理论都为微观层面我国劳动力迁移研究提供了坚实的理论基础。

（3）新劳动力迁移理论。

新迁移理论以家庭迁移理论为主，将研究视角从古典两部门宏观层面、新古典个体微观层面扩展到中观家庭层面，对已有理论进行了有效的补充。主要代表学者有斯塔克、泰勒、布鲁姆等。

贝克尔在家庭经济行为中强调，个人是融入家庭中的个体，不能独立于家庭做出决策。因此，家庭效用最大化是个体行为决策的最终目标，而非个体效用最大化。家庭经济理论中提出，个体行为不再是"完全理性人"假设下的自私行为，而存在家庭内部的利他行为，即为了家庭利益而放弃自己利益的行为动力。

此外，斯塔克、泰勒、布鲁姆提出新迁移经济学，以利他主义为假设，认为劳动力迁移决策不是个体单独做出的，而是家庭基于福利最大化做出的一项理性制度安排，目标是实现家庭收入最大化与风险最小化，并减少相对剥夺感。

家庭生命周期理论（Glick，1947）。将家庭内生命周期阶段划分为初婚、第一个子女出生、最后一个子女出生、第一个子女结婚（离家）、最后一个子女结婚（离家）、丈夫或妻子死亡、残存的另一方死亡，并用这七个事件将家庭生命历程分为六个阶段：形成、扩展、稳定、收缩、空巢与解体。罗西最早用它来解释家庭迁移决策，认为家庭结构因家庭生命周期而发生变化，并带来家庭对居住的新需求，为满足这一需求产生了迁移。

2.2 文献综述

2.2.1 农户城市落户

劳动力迁移是国家发展过程中劳动力高效配置的过程，引起国内外学者的广泛关注，并积累了大量的相关文献。国外劳动力迁移多是就业与落户的统一，而我国劳动力迁移具有就业与落户的分离性，即城市就业与城市落户分离。本书的研究对象是农户城市落户，故文献只锁定城市落户文献，而不涉及劳动力外出打工就业的研究。

（1）落户意愿的界定。受城乡二元结构和户籍制度等的影响，我国城乡人口迁移呈现出特殊的"中国路径"，不同于外国的人口迁移可以从迁移的时间、距离、动因等进行定义。目前，已有文献有不同的落户界定，主要集中为以下几种界定方式：第一，将户口迁移（农转非）意愿定义为城市落户意愿（卢小军、向军，2013；张翼，2011）。第二，将城市定居意愿定义为城市落户意愿（王玉君，2013；黄乾，2008；叶鹏飞，2011；夏怡然，2011）。第三，城市长期居留意愿定义为城市落户意愿（胡玉萍，2006）。第四，将市民化意愿定义为城市落户意愿（王桂新等，2010；夏显力，2011）。第五、王成利和王洪娜（2020）将愿意户口迁入本地定义为落户意愿，得出流动人口的落户意愿远低于居留意愿。此外，还有学者将是否愿意放弃土地作为落户界定的标准（蔡禾、王进，2007）、未来发展意愿或打算（续田曾，2010）、留城返乡意愿（李强、龙文进，2009）等界定为城市落户意愿。可见，关于农民工城市落户意愿的界定和测量并没有一个统一标准，不同的衡量指标都有不同的实际含义。无论哪一种关于落户意愿的界定方式都应符合城镇化建设的标准评价指标，体现我国城镇化发展的理念和要求。

（2）农户城市落户意愿现状。从已有文献来看，进城农民城市落户意愿出现了动态变动趋势。最早 2003 年的调研显示有 46% 的进城农民愿意落户城市（侯红娅，2004），2007 年湖南地区的调研显示有 63% 的进城农户有落户意愿（李兴华，2007），2008 年温州的调研数据显示为 54%（夏怡然，2010）。但是，许多学者发现随着时间的推移，进城农民落户定居的行为和意愿不进反退，愿意进城落户的仅占 1/3 左右出现了显著的低意愿度（钟张宝，2015）。张翼（2011）通过对 2010 年全国性调查数据的统计分析发现，绝大多数农民工不愿意转变为非农户口，如果要求其交回承包地，则只有 10% 左右愿意转为非农户口且低意愿度不存在代际差异。林李月等（2016）基于 2012 年全国人口流动动态监测调查数据研究得出，中国城市流动人口户籍迁移意愿的整体水平并不高，等级低、规模小的城市流动人口的户籍迁移意愿相对更低。夏显力等（2012）通过对西北四省 936 位新生代农民工的实地调查认为，新生代农民工市民化意愿的程度显著高于农民工的平均水平。2017 年国务院发展研究中心课题组表明，仅有 2.6% 的进城农民表示愿意落户。

（3）劳动力迁移的动因。自 20 世纪 80 年代，国内许多学者都对劳动力迁移背后的迁移动因进行过探究。起初，大部分学者认为经济收入是劳动力迁移的主要动因。刘于琪等（2014）提出预期经济收入是影响迁移意愿的重要动因；蔡昉（2002）认为城乡迁移是城乡收入差距和相对贫困的双重经济动因，一方面城乡收入差距为迁移提供了动机，另一方面相对贫困则为其提供了激励。此外，有学者认为经济动因在代际上出现了差异，经济动因对老一代农民工城市迁移的作用要大于新一代农民工（周可，2009）。除了经济因素外，户籍制度的改革也是另一个重要原因。伍菱霖和卢冲（2020）认为户籍制度的改革可以促进人口从农村向城市的流动。户籍所附加的公共服务和福利是影响落户的主要原因（张翼，2011）。另一部分学者则认为，随着经济社会的改变，城乡社会保障体系的完善，附着在户籍上的社会福利逐渐被剥离，户籍差异缩小，户籍对市民化的意义和作用也发生了变化（田明等，2019）。也有学者认为户籍制度阻碍了农民工城市落户（刘传江、徐建玲，2008），阻碍落户的原因是户籍制度改革的偏差和地方政府自由裁量权大以及激励机制不足等（欧阳慧，2020），户籍制度改革有待进一步的提高。除经济、制度因素外，夏怡然和陆铭（2015）认为劳动力的流动迁移不仅仅是为了城市的高工资和就业机会，更是因为城市的基础教育和医疗服务等公共服务，公共服务均等化可以促使劳动力空间分布的均等化。王成利和王洪娜（2020）也认为公共服务的提升对促进落户意愿有积极的作用。而现有学者认为随着城市社会服务的均等化，社会福利对于农民工落户的影响正在不断削弱，城市的归属感和认同感才是其影响落户意愿的关键（程威特、吴海涛等，2021）。

（4）劳动力迁移的影响因素。学者们基于劳动力迁移理论，进行大量劳动力迁移影响因素的研究，并得到了丰富的研究结论。现有文献从个人特征、家庭特征、经济特征、制度特征、社会因素、居住因素等层面论证了影响城市落户意愿的因素。个人特征中性别、受教育程度、工作年限、就业培训等或多或少地对落户意愿产生影响，赵耀辉（1997）、卢海阳（2018）、程名望（2006）等大部分学者认为农民工受教育程度越高，落户意愿越强。性别对落户意愿的影响并未获一致。大部分学者表示年纪轻者在城市生活中面临的压力相对较小，更愿意迁入城市。孟兆敏、吴瑞君（2011）则认为年龄对居住意愿没有显著影响。胡继亮（2019）、夏显力（2012）、罗恩立（2012）、戚迪明（2012）等人从农民工就业的角度指出，职业类型对农民工进城落户意愿的影响显著为正，从事越高级行业的农民工越愿意留在城市。就业越稳定，农民工进城落户意愿越强烈。国有单位、民营单位、外资单位的农民工进城落户意愿逐渐降低。在家庭特征中，主要从家庭规模、家庭支持、子女教育、土地承包情况等方面对农民工落户意愿进行研究。罗遐（2012）认为家庭收入作为城市资本积累的因素对农民工定居有积极影响，但家庭规模、土地承包情况对城市定居有负向影响。在经济特征中，吴兴陆（2005）认为，经济收入是影响农民工流动的首要因素。然而，孟兆敏、吴瑞君（2011）认为经济因素对流动人口的居留意愿没有显著影响。在制度因素上，孟兆敏、吴瑞君（2011）认为户籍制度对流动人口居留意愿有一定的影响，表现为它改变了一部分流动人口的居留意愿。在社会因素上，吴兴陆（2005）认为社会、文化、心理是影响定居决策和实现农民向市民转化的决定性因素。孟兆敏、吴瑞君（2011）认为社会因素包括社会融合、家乡联合等，社会因素的影响是显著的，其中社会融合因素与居留意愿正相关，家乡联系与居留意愿负相关。在居住因素中，罗遐（2012）认为城市交通情况、进城时间等对农民工定居有积极影响。孟兆敏、吴瑞君（2011）认为居住时间、居住方式对农民工是否永久居留有一定影响，自购房的流动人口选择永久性居住的可能性大。居住时间越长，对城市生活范式的适应性和认同程度越高，非永久居留的可能性降低。在城市特征中，肖璐和徐益斌（2017）从城市类型的视角出发，深入挖掘农民工落户影响因素，在所有类型城市中，政府对户籍宣传力度均对促进农民工落户行为有积极效应。仅在超大城市，农民工子女入学政策对落户行为存在影响效果。秦立建和王震（2014）认为城市规模越大，农民工落户意愿越强。王成利和王洪娜（2020）对流动性人口的落户意愿进行分析，得出不同类型的城市落户意愿存在差异，特大城市的落户意愿最高，之后是小城市、大城市和中等城市。蒋芮和肖璐（2018）认为城市住房状况对城市落户意愿和行为有显著影响。赵文哲等（2018）也认为高城市房价而产生的高生活成本是阻碍迁移意愿的主要原因。伍菱霖和卢冲

(2020)利用倾向得分匹配法和双重差分法对中国劳动力动态调查2014~2016年面板数据分析,得出户籍制度改革能够促进落户意愿,大城市农村流动人口和中小城市对比起来,大城市更易受到户籍制度改革的影响。田明和刘悦美(2021)认为城市吸引力、丰富的城市经历、流入地城市的品质和区位对落户意愿有正向促进作用。

2.2.2 土地处置

农户城市落户土地处置研究。理论上,学者们讨论了进城农民非农就业对农村土地的处置影响。例如,首先,非农就业对农村土地流转(Carter,2002;贺正华,2006;赵阳,2007)、城镇化(邹小华,2005)、土地租赁市场(姚洋,1999)、家庭经营(钱忠好,2008)的影响。农民从事非农就业的机会越来越多,就业的选择也趋向于多元化的发展,从而土地与劳动力之间的比例发生改变,原来家庭内部分工模式被打破,土地资源和劳动力之间需要重新配置,土地流转的可能性增加(谢勇,2012)。一部分学者认为非农就业促进了土地流转(肖正斌,2009),林善浪和王健等(2010)对福建省的调研,发现农户非农就业时间越长且非农就业的距离越远,农户进行土地流转的意愿越强;另一部分则认为非农就业对土地流转并不一定有促进作用(刘芬华,2011)。其次,非农就业对城镇化的发展有促进作用(邹小华,2005),匡远配和王一清(2018)发现非农就业对城镇化的发展有直接效应和间接效应,非农就业的增加对土地流转没有起到促进作用,反而抑制了农户土地流转。郭荣朝和宋双华(2002)认为土地流转要同城镇化的发展需求相适应,如果劳动力向城市大量转移,会进一步加重土地资源的闲置抛荒,影响农业生产的效益。在农民逐渐从农业生产活动中转移、非农就业意愿增强的背景下,非农就业市场蓬勃发展的同时也促进了土地流转市场的发展(姚洋,1999)。

钱忠好（2008）从家庭内部分工的角度出发，认为中国的家庭人均经营面积较小，非农就业对家庭经营有促进作用。实际上，学者们通过调查表明，大多数进城农民的承包地由其家庭成员耕种，随着政策的放开，参加土地流转的土地比例也在上升（叶剑平，2010），其中劳动力资源丰裕的农户倾向于向进城农民家庭租入土地（Jin，2009）。进城农民家庭的土地会流向效率更高的农户家庭（Feng，2010；史清华，2007）。也有学者调研发现，农民进城在一定程度上会导致大量耕地无人种或无力种，加之流转困难，许多耕地只能抛荒（邾鼎玖，2000；林翊，2009；谢勇，2012）。家庭人口数、人力资本、工资水平、就业稳定与回家路程时间的长短显著影响进城农民选择土地流转或抛荒的决策。

关于土地处置方式的研究。钱忠好（2008）从农户家庭决策的角度分析，农户家庭的土地选择取决于家庭拥有的初始土地资源和家庭劳动力的能力，是出于家庭收益最大化的考虑，决策的结果是部分成员的非农就业，农户家庭的兼业化。杨国玉、靳国峰（2003）根据土地流转的制度规定提出了包括转包、转让、出租等的自由流转、股份合作制、反租倒包、两田制和集体农场等五种方式。虽然土地流转可以缓解农地闲置抛荒的问题，但是不能从根本上解决土地分散和规模化的问题，除了转包和转让的土地外，其他土地处置的方式虽然可以使得土地规模化、集约化但是却改变了土地用途，在一定程度上伤害了农户的利益。龙开胜和陈利根（2011）从土地处置的意愿的角度出发，有50%左右的农民愿意将土地"请人代耕"，42.3%的农民愿意将土地流转给他人耕种，农户对土地依然存在强烈的物质和情感依赖，应建立多中心治理模式的土地配置机制。刘灵辉（2011）以农村大学生群体为研究对象，有31.17%的农村大学生保留土地，有45.45%的愿意退出"个人土地份额"，大学生选择土地处置方式更加理性。根据2010年国务院发展研究中心关于《促进城乡统筹发展,加快农民工市民化进程研究》的报告,有84%的农民工表示想进城落户后保留土地,67%的农民工想保留农村的宅基地。

土地处置行为的影响因素研究。制度和产权方面,叶剑平和蒋妍(2006)等提出制度和产权因素是阻碍土地流转市场发展的主要因素。在土地产权的认知方面,农户存在很强的私有观念(王凯,2010)。高佳和李世平(2015)针对陕西关中地区农户土地承包权退出意愿,分析得出土地产权认知状况对农户土地承包权的退出意愿有显著影响,43%左右的农户认为土地占有权是自己的,土地占有权的认知状况对其土地承包权退出意愿有显著正向影响,63%左右的农户认为自己拥有土地流转权,流转权的认知对其土地承包权退出意愿显著负向影响。人力资本特征方面,户主年龄、是否在外非农务工(王兆林,2011)对土地处置有显著影响。杨婷和靳小怡(2015)提出受教育程度、收入水平、职业状况等因素显著影响农民工土地处置行为的方式。就业特征方面,谢勇(2012)实证分析得出,随着人力资本的提高、就业的稳定选择,流转和抛荒的行为可能会增加,而有过农业生产的经历会显著降低土地抛荒的行为。同时,非农就业时间、工资水平等因素都会对农户的土地处置行为产生影响。家庭特征方面因素,家庭收入、家庭成员构成(赖俊明,2017)、家庭人口数、家庭劳动力转移、家庭收入结构和水平(徐美银,2016)等都显著影响农户的土地处置行为的选择。赖俊明(2017)基于浙江省杭州、温州、宁波三地数据,得出家庭年收入显著正向影响放弃土地,家庭成员构成中父母共同居住的家庭更愿意保留土地。谢秋山和赵明实证分析得出,家庭务农劳动力数量越多农户越倾向于自耕,务工劳动力数量越多土地流转和撂荒的可能性越高。之后有学者认为农户分化也会对农户土地处置产生影响,苏群和汪霁菲利用全国2003~2011年农村固定观察点的数据,实证得出经济越发达的区域农户和兼业农户越愿意保留承包地,兼业化程度越高的农户参与土地流转的意愿也越低。土地特征方面，土地面积、土地是否有流转（王兆林，2011）、宅基地与耕地的距离等都会对农户土地处置行为有影响。此外，刘春卉和聂文（2021）指出社会融入水平也会对外出务工人员的土地处置产生显著影响，社会融入水平越高自耕的意愿越低，也越倾向于土地流转、朋友代耕等土地处置方式。其他方面的因素还包括社会网络、社会保障、社会生活特征等因素。

土地处置动因。罗伟玲和刘禹麒（2005）指出，在农民由农村转向城市就业过程中，全国2亿亩农村宅基地中有10%~15%处于闲置状态。土地的细碎化和分散化致使我国土地的利用效率不高，人不能尽其才，地不能尽其力（钱忠好，1997）。贺振华（2006）基于成本收益的视角，当农户选择兼业时，便放弃了农业的收入并且到了农忙又要回乡从事农业，非农的收益也降低了；当农户选择土地流转时，则放弃了农业兼业的收益，所以农民选择土地流转还是外出兼业是收益成本的比较。土地流转的动因方面，宏观上，徐旭和蒋文华（2002）从推力和拉力两个方面分析了土地流转背后的动因来源。推力来自广大农民、村集体和各级政府，拉力主要来自工商业主。罗培（2007）分析了四川省南充市高坪区为20多年来土地利用的动因，认为土地的多样性和破碎度增加，影响的主要动因是城市化和政策导向。微观上，杨俊伍和龙政延伸（2019）以农户微观视角，家庭外出务工占比和家庭年收入等方面也可以更好地解释土地流转的动因。关于土地的其他方面如土地股权投资、土地合作社、土地证券化、土地产权制度等的发展动因，不同学者有不同的观点。朱婷（2018）关于农村土地股份合作社动因及其作用机制，认为社会资本下乡诉求是推动土地股份合作社发展的主要动因，并从土地合作机制、利益分配机制、主体协调机制和经济发展机制四个方面提出了土地股份合作社的作用机制。文秀勤（2015）提出土地证券化的影响动因有产权动因（产权的排他性）、经济动因和主体动因（包括农民、金融机构、政府部门）等。土地制度变迁原始动力是政权的更替，人地矛盾是制度变迁的主要动力，社会公平是变迁的倾向方向（朱晓哲、刘瑞峰，2021）。

2.2.3 匹配相关研究

对于匹配的概念最早是由 Parsons（1909）在职位选择模型中提出来的，个体能否做出正确的职位选择是个体自我认知和职位所需能力之间相互匹配的结果。关于匹配的研究，被最早运用在婚姻匹配的决策领域，并取得了较大的影响研究成果，Gale 和 Shapley 提出的婚姻模型，论述了婚姻模型稳定匹配的存在性和最优稳定匹配的存在性，得出在婚姻模型中存在着非空的稳定匹配的结论。Roth 则将匹配扩展应用到"美国住院医生配对"和"器官捐赠匹配"等市场的匹配研究中。此后被广泛地扩展到教育、心理、社会等各个热点研究上。同时，因为在经济领域出现的巨大成果，近些年来运用匹配方法的学术论文也出现了暴发。对于匹配的理论方面，双边多对一和一对一已经形成了较为完整系统的研究理论，此后匹配决策的理论模型不断得到完善和优化，但多对多的匹配理论研究目前还处在起步和探索阶段，尚未形成一个完整的理论体系。

从研究领域来看，匹配理论更多地出现在金融、教育、企业组织、电商、扶贫、管理、政策支持等领域都有广泛的应用前景。金融领域方面包括风险投资项目、企业并购、投资以及银行信贷方面等。文胜（2006）把信贷市场信贷需求方企业和信贷供给方商业银行匹配起来。张继军（2011）通过分析中小企业的贷款现状、小银行贷款难的原因和小银行为中小企业贷款支持的优势，说明了小银行对中小企业的信贷支持是相匹配的。在教育领域中，李坤明（2010）从资源配置的角度分析了在完全信息条件和不完全信息条件下的考生偏

新土地承包法下农户城市落户与土地处置的动态匹配研究

好博弈行为,信息环境和高考录取机制配置效率之间存在双边匹配和相互作用影响。Teo,Sethuraman,Tan(2001)对新加坡小学生升入中学进行了研究,研究发现小学生和学校在匹配过程中诚实地表达自己的偏好有利于形成稳定的匹配结果。周密、罗婷婷(2018)利用2013年中国居民收入调查项目数据(CHIP),运用普通最小二乘法及工具变量法,测算不同规模城市农民工教育—工作匹配程度,发现城市规模越大越有助于农民工教育—工作相匹配。在个人—组织匹配(Lauver,2001)中,庄世瑜(2013)强调员工与组织的一致程度,尤其突出员工与组织的文化环境等价值观念的匹配程度,还有人—职位的匹配即员工与职位或工作任务相匹配的程度。当中国进入快速城市化和经济转型的现阶段,匹配的研究不仅局限于人岗匹配还拓展到了城市空间居住和职位、就业等的匹配关系,在城市空间居住中,职位和居住的匹配最早可以追溯到由霍华德提出的"职住均衡",到20世纪六七十年代,Kain(1971)提出"空间错位假说",在城市中心区域中,黑人出现工作岗位和就业人口的空间不匹配现象,从而导致黑人的高失业率、低工资以及通勤距离和费用的增加。刘志林等(2009)以北京市为例,从居民社会经济、社区类型、住房产权属性等结构性和制度性等影响因素探究了职业和居住之间的匹配情况。随着城镇化的发展,还包括城市化基础设施供给和与城市人口的匹配度研究、城市化基础设施供给和城镇化水平等的研究。除此之外,还包括财富—能力匹配,刘勇(2012)认为个人财富与内在能力存在正向与负向匹配,正向匹配高财富与高能力的强势匹配,会拉大收入不平等。在住房市场匹配中,邓红平(2016)通过实验证明,在住房市场匹配中,延迟接受匹配机制能使被试者真实表达自己的偏好,比不完全信息随机序列独裁机制更加公平有效。另外,还有土地生产规模与组织形式匹配(刘炜娜,2016)、经济领域的金融结构—技术水平匹配(叶德珠,2019)、在科技领域方面的科技扶贫需求—政策供给匹配(丁珮琪,2020)等。

从研究内容来看,学者们关注了匹配度指标体系的构建和匹配度的测量、匹配模式的探究、匹配的动态调整规律、匹配机制的探讨以及匹配效果的评估。关于匹配度指标体系的构建和匹配度的测量,朱平利(2009)运用了层次分析法与模糊评价法,从道德素质、身心素质、知识、能力四个方面,建立了人岗匹配度测算模型,该模型能够准确有效地评价人岗匹配的程度。郝生宾和于渤(2011)借用空间几何概念,构建了分析企业技术战略强度和技术创新水平之间的匹配度测量模型,得出企业技术强度和技术创新水平之间互为因果和条件,两者只有在高匹配条件下,才能保证企业创新的成功。林乐芬和李永鑫(2016)利用江苏省50家商业银行和680家中小微企业的调研数据,得出固定资产抵押和担保融资两类信贷产品的供给和实际使用匹配度最高,但是在对比期望的需要供给中存在错配。林乐芬和吴敏(2013)提出信贷市场上,不同银行信贷技术和合约的异质性与不同规模企业信息禀赋和融资需求的异质性存在着匹配。赵丹丹和周世军(2021)利用工业机器人匹配数据,进行实证分析得出劳动力工资与人机替代弹性之间呈倒"U"形特征,人工智能替代劳动力程度越来越高,劳动力工资水平与人工智能替代弹性之间的匹配关系呈现先升后降的趋势。赵鹏军、罗佳和胡昊宇(2021)以北京为例,测定居民生活圈范围和服务设施之间的匹配度,得出在空间匹配模式存在明显的地理分异特征,在服务设施中尤其是文体和休闲设施的与生活圈范围的空间匹配度显著偏低。龚锋和卢友洪(2009)运用1999~2005年28个省(自治区、直辖市)的面板数据,利用人口、社会保障补助支出、教育支出等7类公共支出,得出财政分权与教育支出以及抚恤与社会福利救济费供给不足指数之间存在匹配度正相关关系,与行政管理费以及基本建设支出过度供给指数之间存在匹配度正相关。彭国华(2015)基于匹配理论模型,分析了地区差异形成的原因，技能与工作任务的互补性是劳动力技能与工作任务复杂性之间呈现最优的正向排序匹配的原因。周蕾、谢勇和李放（2012）认为农民工城镇化呈现出高预期和低预期的不同对立，当城镇化水平越高时，实现预期越低。具体的匹配指标构建和变量说明参见表2-1。

表2-1　匹配指标构建和变量说明

对象	匹配指标	变量说明	文章来源
企业技术战略强度和技术创新强度	匹配度：$f_{sc}=\sqrt{\sum_{i=1}^{3}(s_i^*-c_i)^2}$	$f_{sc}\leq d$ 企业技术战略强度和技术创新水平基本匹配；$f_{sc}>d$ 企业技术战略强度和技术创新水平很不匹配	郝生宾、于渤（2011）
信贷产品供求匹配	匹配度 $\propto=1-\frac{s-d}{k-1}$ 产品供求数量匹配 s_i-d_i	变量信贷产品供给率 s 和实际使用率 d 的匹配度。当 $s_i=d_i$ 时，匹配度即为完全匹配；当 s_i 和 d_i 差异越大，匹配度则越接近于0，则说明越不匹配	林乐芬、李永鑫（2016）
银企信贷与融资需求匹配	对比银行中小微企业的授信额度与不同规模企业融资之间的额度	大银行能满足大中型企业的大额资金需求，而小银行与小微型企业的小额资金需求更为匹配	林乐芬、吴敏（2013）
人工智能与劳动力工资匹配	匹配度指标的构建模型 $Ln(Wag_i)=\alpha+\beta Robot_i+\theta Robot_i^2+\gamma X_i$	当 $Robot<-\frac{\beta}{2\theta}$ 时，随着工业机器人使用的增加，劳动力工资水平呈上升趋势；当 $Robot>-\frac{\beta}{2\theta}$ 时，随着工业机器人使用的增加，劳动力工资水平呈下降趋势	赵丹丹、周世军（2021）
生活圈范围与服务设施空间	设施可达性水平与生活圈半径的匹配度 $I_{ar}^i=Z_\alpha^i\sum_{j=1}^{n}W_{ij}Z_j^i$；$W_{ij}$ 为空间单元 i，j 之间的空间连接矩阵权重	I_{ar}^i 的取值一般在 [-1, 1] 之间，等于0表示不相关，Moran 空间自相关指数 Iar 可表征设施可达性水平与生活圈半径的匹配度。I_{ar}^i 的取值一般在 [-1, 1] 之间，等于0表示不相关	赵鹏军、罗佳、胡昊宇（2021）

续表

对象	匹配指标	变量说明	文章来源
公共支出结构与偏好匹配，财政分权	公共支出偏好指数：$E_{it}^{gap,j} = \lvert Ln(E_{it}^j) - Ln(E_{it}^j)\hat{} \rvert$	供给不足：$E_{it}^{gap,j} = \lvert Ln(E_{it}^j) - Ln(E_{it}^j)\hat{} \rvert > RMSEj$ 且 $\lvert Ln(E_{it}^j) - Ln(E_{it}^j)\hat{} \rvert < 0$；过度供给：$E_{it}^{gap,j} = \lvert Ln(E_{it}^j) - Ln(E_{it}^j)\hat{} \rvert < RMSEj$ 且，$\lvert Ln(E_{it}^j) - Ln(E_{it}^j)\hat{} \rvert \geq 0$ 供给均衡：$E_{it}^{gap,j} = \lvert Ln(E_{it}^j) - Ln(E_{it}^j)\hat{} \rvert = RMSEj$，$\lvert Ln(E_{it}^j) - Ln(E_{it}^j)\hat{} \rvert = 0$	龚锋、卢友洪（2009）
技术能力匹配、劳动力流动与中国地区差距	劳动力的边际产品价值支付工资 $W(h) = Max P(i) a(I, h)$	产品价格 $P(i)$；劳动工资 $W(h)$；$h \geq \hat{h} \geq h$ 技能水平的劳动力与新工作任务相匹配，$h \geq \hat{h} \geq h$ 水平的劳动力与原有的工作任务相匹配	彭国华（2015）
城镇化意愿与预期的匹配	城镇化意愿与预期的匹配度 $P = \dfrac{1}{1 - e^{-z}}$	P 表示城镇化意愿与预期的匹配情况；z 表示影响意愿与预期匹配的因素	周蕾、谢勇、李放（2012）

在匹配的模式中，在人力资源方面有关于人—组织（奚玉芹、戴昌钧，2009）、人—岗位职业（罗伟良，2003）以及职业—技能等研究，奚玉芹和戴昌钧（2009）将其模式划分为感觉匹配、主观匹配和客观匹配3种类型：感觉匹配模式以个人在组织是否匹配良好作为判断依据；主观匹配模式指个人所感知人和环境之间的匹配，它是对个人自身和环境特征的评价；客观匹配是一种个人的实际情况和独立于个人对它的感知的环境之间的匹配。王丽萍（2002）从能岗匹配的理论出发，建立了能岗匹配的基本模型和动态模型，还建立了能力成长模型，从而建立了以能为本理念的员工培养机制。罗伟良（2003）提出了人—岗动态匹配的三种模式：人岗关系型、移动配置型和流动配置型。人岗关系型主要是通过管理过程中的各个环节对员工与岗位的对应关系进行配置的一种形式；移动配置型通过人员相对上下左右岗位的移动进行人岗配置；流动配置型通过人员相对企业的

内外流动保证人力资源配置的质量。关于就业方面，杨中原和许文（2010）以资产收益的最大化为目标，综合考虑资产负债的时间和数量因素，构建了资产负债匹配优化模型，通过资产负债的数量匹配以达到银行监管和实际经营的要求目标。陈昊（2011）从 Pissarides 关于劳动就业的搜寻和匹配理论出发，构建了包括就业和外贸顺差影响因素在内的匹配模型框架，实证分析了贸易顺差和就业之间关系，顺差的进一步增加不但不能提高就业水平，反而会造成就业人数的下降。张晓恒和朱战国等（2017）基于全国农村固定观察点新生代农民工的就业数据，利用倾向得分匹配（PSM）模型，在确保匹配质量的基础上，实证得出新生代农民工因为接受职业技能培训日均工资从 3.157 元增加到 3.484 元，月工资增幅大约为 5.9%，表明职业技能培训对于农民工收入的增加具有促进作用。此外，在就业和城市居住空间的匹配中，现在中国处在城市化高速发展的时代，我国的城市空间结构面临着剧烈变动和城市就业人口的增加，意味着城市就业和居住的重组匹配，形成全新的就业与居住空间匹配格局。赵渺希（2017）关于就业和城市居住之间的匹配模式，提出了非完全结构匹配的多中心职住假说模型。他以广州为例实证分析了在就业多中心均衡性的前提下，通过就业中心的专门化集聚实现就业和居住之间的多中心优势。在政策供给需求中，徐德英和韩伯棠（2015）从企业视角，以北京市为例，从技术引进与知识扩散、研究开发、生产制造、新产品市场、人才运营资金、服务环境创新创业等七个方面实证分析了北京市创新创业的政策匹配模型，得出国企、大中型企业、成熟企业的政策匹配度较高，而小微企业和处于成长期企业政策供给需求的匹配度较低。李瑶和刘晶等（2021）以江苏省为例，从创业环境、融资、服务、市场、研发、人才六个方面构建了大学生创业政策供需匹配模型，实证得出江苏省大学生创业政策供需匹配度较高，整体上看是政策供给大于需求，且不同专业与政策供给之间存在差异。

在匹配效率中，Davis（2014）认为职位空缺持续时间是衡量劳动力市场的匹配效率的重要指标，职位空缺持续时间又由招聘持续时间和新雇员延迟工作的时间所决定。在人—岗匹配中，蔡彤和陈全（2015）利用1996~2011年我国30个省区市的数据，得出我国工人和岗位匹配效率约为0.7，处在一个较低水平并有逐年递减的趋势，并且失业和岗位空缺在近20年来都表现出同时增加的趋势。丁娟（2011）运用顺序统计理论，从物流市场的供给和需求的匹配程度出发分析了物流运行效率的情况，得出物流市场的规模越大，活跃程度越高，物流的供给匹配效率越高，运行效率也就越高。匹配在评估政策效用中的应用，白重恩等（2012）利用匹配倍差法研究"新农合"政策对农村居民消费和储蓄的影响，得出结论"新农合"使农村家庭非医疗类消费支出年均增加约5.6%（约149元）。

2.2.4 评述及研究启示

从上述对国内外相关研究的学术史梳理来看，研究动态述评可以总结为以下三个方面。

（1）匹配研究成为综合性研究议题，目前对于匹配的研究取得了丰硕的成果，受到了经济学、管理学、社会、心理学等学科的广泛关注。与此同时，匹配的研究已经从"个体—个体""个体—组织""个体—环境"之间的匹配扩展到"偏好—偏好""行为—行为"之间的匹配研究。匹配的理论从一对一匹配、双边匹配、双边多对一匹配扩展到多对多匹配，匹配理论的研究一直在不断完善和发展，已形成了一个较为完整的结构体系。研究的领域从最开始的婚姻模式匹配延伸到人力资源、金融、教育、就业、城市居住、政策供给等社会生活领域的方方面面。但是，目前运用匹配理论针对农民工落户进行的研究还较少，尤其是从意愿角度出发结合农民重要的生活生产方式—

土地处置行为之间的匹配关系研究比较少有，运用匹配理论厘清农民工落户意愿和土地处置行为之间的动态关系与匹配机制，从进城农户视角丰富匹配机制的研究值得深入探析。

（2）随着中国城镇化的推动，进城农民落户意愿的研究将持续升温。针对农民工城市落户意愿及影响因素已有广泛研究，呈现出一定的逻辑体系。关于落户意愿及因素的研究，普遍对农民工个体特征较为关注。性别、受教育程度、城市工作年限等对农民工城市落户的影响不尽相同，不同学者甚至得出相反的结果，但个体特征仍然是较为重要的影响因素之一。关于影响农民工落户的其他因素，如家庭因素（家庭支持、子女教育等）、经济因素（收入）、居住因素（居住时间、居住方式）、人力资本（受教育程度、工作年限、就业培训等）、社会资本（社会资本积累、友缘、业缘）、制度因素（户籍、土地、社会保障、教育制度等）、心理因素（社会融入、家乡联系、歧视现象等）等，不同学者也做出了大量研究。大部分研究主要以个体为单位进行研究，以家庭为单位的农民落户行为研究甚少，新迁移理论已为以家庭研究提供了理论支撑，后期学者们可以从家庭出发，更接近实际决策单元、贴近实际情况，使研究成果更具实际价值意义。

此外，在乡村振兴战略和新型城镇化建设的背景下，一系列关于土地、城市、户籍的政策改革，农民工城市落户的问题变得更为复杂，乡村产业发展、乡亲乡情、土地增值预期等成为重要因素。农民工是理性的，考虑到宅基地的使用、集体收益分配与进城工作的取舍和决策，这些也将影响到农民落户决策，需要在结合如今最新政策改革的基础上继续进行深入研究。在制度既定情况下，如何推进有序落户、高质量落户成为后期的研究焦点。

（3）已有文献对进城农民的落户意愿以及进城后的土地处置分别进行研究，在对进城农民的落户意愿的研究中，主要集中在落户意

第 2 章 文献综述与分析框架

愿选择、意愿度测度和影响因素以及同一主体从落户意愿到落户行为的转变；在土地处置的研究中，学者们主要都从乡土情结以及土地背后蕴含的经济价值、保险价值以及土地处置背后动因等来研究。但落户意愿与土地处置都是同一主体的户籍偏好与资产处置偏好表现，从行为学意义上来说，应该具有偏好与行为的相关性，却鲜有文献对其进行综合研究。在城镇化背景下，两者的综合研究具有非常重要的意义，因此，将其纳入同一分析体系进行研究，将会是后期的研究内容。

此前关于行为决策理论的研究大多集中于同一主体下行为和行为选择之间一对一单一的关系（教育行为—求职行为、夫妻教育行为—夫妻吸烟行为），然而在制度的变迁作用下会对农户同期产生多种行为，多行为之间必然会重新构建新的行为联系，让原本单一静态的行为决策转变成多重动态的行为决策，因此，构建新的行为决策模型，能够丰富行为决策的理论内涵。此外，在制度变迁下，行为决策选择从单一静态向动态重新匹配的过程结果也是对制度绩效的考察和评估，为检验制度效果和丰富制度绩效理论提供了新的思路。将行为决策的逻辑选择置于制度变迁的视角中，随着制度的历史演变，行为决策从静态向动态的演变也将会是后续研究的新方向。

新土地承包法下农户
城市落户与土地处置的
动态匹配研究
Chapter 3

第3章 农民城市落户选择与土地处置的匹配逻辑

本章为理论分析部分，其目的在于厘清农户双行为（城市落户选择行为、土地处置行为）是否具有内在联系性，形成较为稳定的匹配性。本部分以行为匹配逻辑为起点，探讨城市落户行为与土地处置行为的匹配模式，在土地承包法法律条款约束下，探讨新旧土地承包法下农户匹配模式的可能变动过程。

3.1 匹配逻辑

制度经济学指出，信念是决定人行为的根本，一旦行为人形成固定与稳定的信念，则相应的行为就具有一致性与预期性。因此，从本质上来看，农户的行为与行为之间具有信念带来的一致性。行为经济学提出的"行为协调"观点，即人们总是追求态度—行为、行为—行为的一致性，否则由此带来的失调会造成行为主体的焦虑，以及无法形成自我认同。因此，在认知、认知—行为失调时，行为人会做出多样化的措施进行调整，最终形成认知协调与行为协调。在此理论基础上，提出了本书的行为匹配逻辑。

假设农户家庭信念为 R，农户落户选择为 L，农户土地处置方式为 T，有：

$$R = f(I, N, R', F, Z) \tag{3-1}$$

式（3-1）为农户家庭信念函数。农户家庭信念指农户家庭所形成的一致性的认知、态度。该种认知与态度在家庭内部以共有知识存在，该共有知识指导家庭成员具有一致性的世界观、交往行为标准。信念会受到正式制度 I 的影响，如国家法律法规、政策条款；受到非正式制度 N 的影响，如宗族文化、地区民俗；受到上一辈信念 R′ 的影响，Grief 指出，信念更多来自家庭内部的口口相传。F 是家庭其他成员的信念，家庭成员如配偶、子女，个体信念具有异质性，会受到教育、社交群的影响，因此农户家庭的信念，是成员信念的博弈均衡。除此之外还会受到其他要素 Z 的影响，如经济发展、社区开放程度等。

$$L = f(E, H, P, C, Z) \quad (3-2)$$

式（3-2）为农户家庭户籍选择行为函数。以劳动力迁移理论为基础，农户家庭决定是否迁移受到经济因素 E 影响，如城市收入水平、城乡收入差、城市就业机会等；福利因素 H 影响，如城乡福利差；城乡偏好 P 影响，即农户家庭对城市与农村生活方式的偏好程度；家庭特征 C 影响，如家庭人口结构、资产结构等；以及其他影响要素 Z 的影响。

$$T = f(E, F, P, Z) \quad (3-3)$$

式（3-3）为农户土地处置行为函数。土地处置方式会受到土地经济收益 E、其他就业收益 F、土地偏好 P 与其他要素 Z 的共同影响。

从式（3-2）和式（3-3）可见，无论农户的户籍还是土地处置行为都会受到家庭偏好、选择经济收益的影响，而偏好、经济与非经济的权衡都与每个农户家庭所固有的信念有关。因此，可将式（3-2）和式（3-3）转换为以下公式：

$$L = f(R, Z) \quad (3-4)$$

$$T = f(R, Z) \quad (3-5)$$

在农户家庭户籍选择与土地处置选择都与家庭信念相关的前提下，两个行为选择函数可进行联立方程，形成本书的行为匹配模式。

3.2 城市落户与土地处置的匹配模式

3.2.1 农户城市落户选择集

农户城市落户选择集本质是在制度约束条件下，行为主体对落户选择的权利范围。因此，农户行为选择集受制于制度以及制度所界定的权利范围。劳动力流动制度以《中华人民共和国户籍管理条例》为核心的一系列的流动落户规定，均不同限度地决定了农户城市或农村落户的选择集。我国劳动力城乡之间流动经历了禁止—放松—规范—鼓励的四个政策发展阶段（赵峰，2015），与之对应的是我国农户城市落户的选择集。

在劳动力绝对禁止流动时，农户没有城市落户的选择权，只有唯一的农村落户选择。《中华人民共和国户口登记条例》从1951年到1980年为止，我国农村人口被限制在土地上，农村居民与城市居民处于高度"隔离"状态。

随着劳动力流动政策发生改变后，农户的城市落户选择集也不断扩大与自由。1984年《国务院关于农民进入集镇落户问题的通知》首次允许了劳动力农村到城市的流动，并设定了"农民自理口粮"进集镇落户的条件。1997年《小城镇户籍管理制度改革试点方案和关于完善农村户籍管理制度的意见》将落户条件扩展到"从农村到小城镇务工或兴办第二三产业的人员……，在小城镇购买了商品房或者有合法自建房的局面，以及其共同居住的直系亲属，可以办理城镇常住户口"；2001年《关于推进小城镇户籍管理制度改革的意见》指出"在县级市市区、县政府驻地及其他建制镇有合法规定住所、稳定职业或生活来源的人员及其公共居住生活的直系亲属均可办理城镇常住人口"；2012年《国务院办公厅关于积极稳妥推进户籍管理制度改革的通知》中指出"引导非农产业和农村人口有序向中小城市和建制镇转移，逐步满足符合条件的农村人口落户需求，逐步实现城乡基本公共服务均等化"；2014年国务院印发《关于进一步推进户籍制度改革的意见》中提出"进一步推进户籍制度改革的要求，促进有能力在城镇稳定就业和生活的常住人口有序市民化，稳步推进城镇基本公共服务常住人口全覆盖"；2016年国务院《关于解决无户口人员登记户口问题的意见》全面对无户口人员登记问题进行解决，进一步放松了农业人口城市落户的条件。从以上文件条例可见，国家对农户城市落户的制度可分为两类：第一类是限制性的流动政策，即农户只能被锁定在农村生活，不得跨越区域选择城市落户；第二类是非限制性的流动政策，即农户可自由在农村与城市之间，基于自身禀赋理性做出"落户"抑或是"不落户"的选择，即具有二维选择集。具体如表3-1所示。

表3-1 农户城市落户选择集

农户城市落户选择	限制性流动政策	非限制性流动政策	
	无	有	
选择集	—	—	落户	不落户

3.2.2 农户土地处置选择集

农户土地处置行为选择集依然是土地制度下的行为选择，《中华人民共和国宪法》《中华人民共和国民法典》《中华人民共和国农村土地承包法》作为我国正式的土地制度法，是农户行为的最根本约束。

"三权分置"下我国农户土地处置二维选择集设定。"三权分置"是我国特有的土地制度创新，在"三权分置"下土地所有权归属村集体，农户拥有土地承包权与经营权。《中华人民共和国宪法》第十条第二款规定"农村和城市郊区的土地，除由法律规定属于国家所有的以外，属于集体所有"；《中华人民共和国民法典》第五十九条第一款规定"农村集体土地属于本集体成员集体所有"；《中华人民共和国农村土地承包法》（以下简称《农村土地承包法》）进一步界定了土地所有权的具体内容，以及村集体经济组织的权利范围。除所有权归属村集体外，土地承包权与经营权分别在《农村土地承包法》

中有着具体的规定。《农村土地承包法》第五条规定"农村集体经济组织成员有权依法承包由本集体经济组织发包的农村土地。任何组织和个人不得剥夺和非法限制农村集体经济组织成员承包土地的权利",第九条规定"承包方承包土地后,享有土地承包经营权,可以自己经营,也可以保留土地承包权,流转其承包地的土地经营权,由他人经营"。基于以上的条款分析,土地承包权是农户土地经营权的基础,在法律规定农户承包权与经营权的基础上,本书将农户土地处置权设定两维度选择集,即土地承包权处置的一级选择集、土地经营权处置的二级选择集。

农户土地处置的一级承包权选择集。《农村土地承包法》规定了农户承包权期限,以及农户城市落户后的土地处置方式。第二十一条规定"耕地承包期为三十年,承包期届满后再延长三十年";第二十六条规定"国家机关及其工作人员不得利用职权干涉农村土地承包或者变更、解除承包合同";第二十七条规定"承包期内,发包方不得收回承包地""国家保护进城农户的土地承包经营权,不得以退出土地承包经营权作为农户进城落户的条件。对在承包期内愿意城市落户的农户,引导支持其按照自愿有偿原则依法在本集体经济组织内转让土地承包经营权或者将承包地交回发包方"。由此可见,在30年的承包期内,城市落户的农户对于土地承包权有两种选择集:一种是保留土地承包权,另一种是放弃土地承包权(包括转让与有偿交回给发包方)。

农户土地处置的二级经营权选择集。从一维承包权选择集来看,当城市落户农户选择将承包权转让或者交回发包方后,与承包权捆绑的经营权一并消失,即没有了二维经营权的选择集。只有在城市落户农户选择保留承包权的基础上,才具有二维经营权选择的空间,同样经营权选择集依然由《农村土地承包法》进行界定。第三十六条规定了"承包方可以自主决定依法采取出租(转包)、入股或者其他方式向他人流转土地经营权,并向发包方备案";第三十七条规定"土地经营权人有权在合同约定的期限内占有农村土地,自主开展农业生产经营权并取得收益"。以上两个条款分别赋予了农户经营权的流转与自耕权利。现实中,自耕权又存在两种情况:一种是高效的自耕方式,即农户以自耕为主要经济来源,对土地进行大量投资,以土地的经济价值为主;另一种是低效的自耕方式,农户以土地的保障功能为主,多体现在无投资的随意耕种甚至外出打工导致的土地闲置。由于《农村土地承包法》并未对低效自耕进行法律限制与制止,只有在第四十二条中指出"弃耕抛荒连续两年以上的可单方面解除土地经营权流转合同",但也仅限制在承包农户与流转经营组织之间的流转,而非农户与村集体之间的解除流转权利。因此,从理论上来看,法律既然没有条款规定"闲置土地必须交还村集体",那么土地闲置也是农户可选择的土地处置行为之一。基于以上分析,农户的土地处置选择集如表3-2所示。

表3-2　　　　　　　城市落户群体土地处置选择集

	选择集			
一级承包权	退回	保留		
土地承包法依据条款	二十七条	二十七条		
二级经营权	—	自耕	流转	闲置
土地承包法依据条款	—	三十七条	三十六条	—

已有文献也从经济增长、农户外出打工等视角涉及了农户土地处置行为研究。张务伟(2009)将土地处置分为家庭耕种、请他人帮忙耕种和转包给他人耕种。其中,完全流转是完全放弃土地承包权和经营权,类同于退出土地承包权;不完全流转土地是保留承包权与经营权,类同于本书中的二维选择子集的流转。谢勇(2012)指出外出务工会对农户土地处置行为产生影响,务农劳动力数量越多农户越倾向自我耕种田地,外出务工劳动力数量越多,农户土地流转和耕地

撂荒的倾向就越高。就自我耕种与闲置相比较，集体承包土地数量越多，农户越倾向于自我耕种土地。

3.2.3　农户城市落户与土地处置匹配选择集

农户落户行为选择集与农户土地处置行为选择集进行匹配，形成户籍与土地的两维联动行为矩阵。该矩阵不仅可厘清新土地承包法如何通过农户选择集扩大获得更多土地赋权，同时也通过对农户行为调整规律的探索，为村集体层面的土地管理工作提供一些工作参考。

城市落户选择与一级土地处置选择匹配矩阵。城市落户选择子集是"落户与不落户"的二维选择，土地处置选择子集是"退回与保留"的二维选择，将其整合形成四种行为选择组合矩阵，如表3-3所示。

表3-3　一级匹配矩阵

	落户	不落户
保留	A_1	A_2
退回	A_3	A_4

A_1（落户、保留）行为组合：该组合代表农户户籍选择城市落户，同时也保留农村土地承包权。

A_2（不落户、保留）行为组合：该组合代表农户户籍选择农村落户，同时保留农村土地承包权。A_2的行为组合是现有农户稳定均衡状态，即农户将土地作为生活资料，利用土地的经济与社会价值，选择居住在农村。

A_3（落户、退回）行为组合：该组合代表农户选择城市落户，同时退回农村土地。该种组合行为是旧土地承包法下农户选择城市落

第3章 农民城市落户选择与土地处置的匹配逻辑

户所面临的唯一选择,即旧土地承包法下的稳定均衡状态。该状态的合理性在于,农户在城市与农村之间作出户籍选择,而对户籍背后所蕴含的福利也同样作出取舍。拥有了城市良好的医疗教育福利,必然需要放弃农村的土地福利。

A_4(不落户、退回)行为组合:该组合代表农户选择农村户籍,但同时也放弃土地承包权。该种组合理论上存在,是农户的一种选择,但就经济角度而言,"理性经济人"不会作出这种行为组合的选择。

城市落户选择与二级土地处置选择匹配矩阵。将农户户籍选择与二级经营权选择行为子集进行组合,形成二级匹配矩阵。二级细分矩阵不同于村集体层面一级匹配矩阵,该矩阵聚焦农户行为,通过行为矩阵的研究,可进行农户户籍与土地处置最大化的均衡探讨。依据土地承包法中农户经营权处置范围以及城市落户规定,设置二级土地处置选择匹配矩阵,具体如表3-4所示。

表3-4 二级匹配矩阵

土地处置		城市落户 落户	不落户
保留	自耕	A_{1-1}	A_{2-1}
保留	流转	A_{1-2}	A_{2-2}
保留	闲置	A_{1-3}	A_{2-3}
退回		A_3	A_4

矩阵由农户户籍选择与土地经营权选择构成,依据以上农户经营权选择子集与户籍选择子集的分析,矩阵共形成八个象限。其中,$A_{1-1} \sim A_{1-3}$、$A_{2-1} \sim A_{2-3}$ 是农户保留承包权条件下的行为匹配模式,A_3、A_4 是农户退回土地承包权下的行为匹配模式。由于农户退回承包权,与之相对也丧失了土地的经营权与处置权,因此 A_3、A_4 在二

级匹配矩阵中不具有实际意义。

　　A_{1-1}（落户、自耕）行为组合：该组合选择代表农户家庭选择城市落户，但土地依然由家庭成员进行自耕，即户籍城市化下继续保持农业生产的经济活动。与耕地一样，土地承包法规定，城市落户后不得强制收回农户在农村的宅基地，因此即便农户选择城市落户，部分家庭成员依然可以居住在农村，继续进行农业生产。

　　A_{1-2}（落户、流转）行为组合：在该组合下，农户选择城市落户，保留的耕地经营权流转给他人经营生产。此时土地更多地体现其资产特征，而农户家庭的生计以城市就业、非农生产为主。

　　A_{1-3}（落户、闲置）行为组合：在该组合下，农户选择城市落户，保留的耕地经营权选择闲置。从理论上来看，由于闲置土地没有发挥土地的经济与资产性功能，并未实现家庭效用的最大化。但现实中导致土地闲置的原因有两个：一方面，土地贫瘠、土地地处偏僻等原因导致土地难以流转与自耕，或者流转、自耕成本太大；另一方面，农户主观不信任因素导致即便流转与自耕具有更大收益，但害怕土地流转后无法收回，自耕与其他就业相比收益较小，因此选择土地闲置。

　　A_{2-1}（不落户、自耕）行为组合：这是传统农户生活与生产组合集，在该组合下，农户依然选择农村生活，依然以土地为生计要素，从事农业生产。

　　A_{2-2}（不落户、流转）行为组合：该组合下农户选择农村生活，但随着土地市场与劳动力市场的发展，在就业机会多样化的背景下，农户选择将自有土地经营权流转获取流转收益，自己从事其他生计活动。

　　A_{2-3}（不落户、闲置）行为组合：在该组合下，农户选择农村户籍，而拥有土地经营权选择闲置的处理方式。在一般该种组合下，农户家庭通过社会保障、其他就业渠道获得生活来源。

3.3 土地承包法变迁及对匹配的影响

3.3.1 土地承包法变迁

《中华人民共和国土地承包法》是维持和完善以家庭承包经营为基础、统分结合的双层经营体制，赋予农民长期而有保障的土地使用权，维护农村土地承包当事人的合法权益的法律，对促进农业、农村经济发展提供了法律保障。我国第一部土地承包法于2002年第九届全国人民代表大会常务委员会第二十九次会议通过，此后经历了2009年与2018年的两次修改。

（1）土地承包法确定（2002~2008年）。

2002~2008年是我国土地承包法确定并开始实施的阶段。2003年《中华人民共和国土地承包法》（以下简称《土地承包法》）正式颁布实施。

《土地承包法》共五章，对发包方和承包方的权利和义务、承包的原则和程序、期限和合同、土地承包经营权的保护和流转、其他方式的承包、争议的解决和法律责任等都有详细的规定。此轮《土地承包法》强调了承包方和发包方的权利稳定性与自主性。稳定性包括承包关系稳定以及流转稳定。《土地承包法》第四条"国家依法保护农村土地承包关系的长期稳定。农村土地承包后，土地的所有权性质不变。承包地不得买卖。"第十条"国家保护承包方依法、自愿、有偿地进行土地承包经营权流转"；自主性的强调体现在经营的自主性与流转自主性。《土地承包法》第十四条第四款指出"尊重承包方的生产经营自主权，不得干涉承包方依法进行正常的生产经营活动。"第三十四条规定"土地承包经营权流转的主体是承包方。承包方有权依法自主决定土地承包经营权是否流转和流转的方式"。

（2）第一轮土地承包法修订（2009~2017年）。

2009年8月27日，第十一届全国人民代表大会常务委员会第十次会议上发布了《关于修改部分法律的决定》，该决定是我国土地承包法的第一次修订。这次修订以"小修小改"的原则进行，对土地承包法的内容并没有删减，依然延续2003年《中华人民共和国土地承包法》。依然坚持农村土地的集体所有性质不动摇的原则，确保土地承包关系保持稳定并长久不变，促进完善农村基本经营制度。同年颁布了《农村土地承包经营纠纷仲裁规则》《农村土地承包仲裁委员会示范章程》等对土地承包纠纷做出了明确规定，完善维护土地承包的长期稳定。

（3）第二轮土地承包法修订（2018年至今）。

2018年12月29日，第十三届全国人民代表大会常务委员会第七次会议上《关于修改〈中华人民共和国农村土地承包法〉的决定》（以下简称《新法》）是土地承包法的第二轮修改。

此轮修订有着大幅度的调整，将承包地"三权分置"的改革决策转化为立法决策（宋志红，2020）。从数量上来看，条文内容从65条增加到70条，从内容上来看，有32处调整之多，分别从强化稳定关系（第一条修订）、扩大选择集（新增第九条规定、调整后的第三十六条）、促进城镇化（新修订二十七条）、家庭地位平等（新修订十六条）四个方面进行了完善。其最终调整目的是"更有效实践'三权分置'思想"（于飞，2020），稳定农村发展，协调城镇化关系。与本书相关的调整内容主要是促进城镇化中的第二十七条。

旧《土地承包法》第二十六条规定"承包期内，全家迁入小城镇落户的，应当按照承包方的意愿，保留其土地承包经营权或者允许依法进行土地承包经营权流转。承包期内，承包方全家迁入设区的市，转为非农业户口的，应当将承包的耕地和草地交回发包方。承包方不交回的,发包方可以收回承包的耕地和草地"。该条款规定了农户在不同城市落户,对应着不同的农村土地权利。其中如果落户小城镇以上,农户必须放弃农村承包的耕地和草地,否则村集体有权收回。《新法》对该条进行了调整,修改为二十七条的"国家保护进城农户的土地承包经营权。不得以土地承包经营权作为农户进城落户的条件。承包期内承包农户进城落户的,引导支持其按照自愿有偿原则依法在本集体经济组织内转让土地承包经营权或者将承包地交回发包方,也可以鼓励其流转土地经营权"。该条款的修改体现了尊重农民选择,落户农户承包地村集体没有强制收回权,农户有自主处置权;同时也扩大了落户农户的土地处置选择权。

3.3.2 新土地承包法对匹配的影响

舒尔茨在其著作《制度与人的经济价值的不断提高》中提出"制度是一种行为规则,这些规则涉及社会政治及经济行为,如包括管束结婚与离婚的规则、支配政治权利的配置与使用宪法中所含的规则,以及确立由市场或者政府来分配资源与收入的规则"。诺思在《经济史中的结构与变迁》也指出"制度提供了人类相互影响的框架,他们建立了一个社会,或更准确地说是一种经济秩序的合作与竞争关系。制度是一个社会的游戏规则,更规范地说,是决定人们相互关系而设定的一些制约"。因此,从制度经济学的视角来看,新土地承包法的修改,其实质是制度相关者行为规则的调整,通过扩大或者缩小行为选择集影响受益人行为,最终实现制度制定的目的。

(1)新土地承包法扩大了匹配选择集。

将新旧土地承包法关于农户城市落户与土地处置的制度进行对比分析,可以直观地得到制度调整对农户城市落户选择与农村土地处置的匹配模式影响。制度对比如表3-5所示。

表3-5　　　　　　　　　　新旧土地承包法对比

旧土地承包法规定	新土地承包法规定
第二十六条规定：承包期内，全家迁入小城镇落户的，应当按照承包方的意愿，保留其土地承包经营权或者允许依法进行土地承包经营权流转。承包期内，承包方全家迁入设区的市，转为非农业户口的，应当将承包的耕地和草地交回发包方。承包方不交回的，发包方可以收回承包的耕地和草地	第二十七条规定：国家保护进城农户的土地承包经营权，不得以退出土地承包经营权作为农户进城落户的条件。承包期内，承包农户进城落户的，引导支持其按照自愿有偿原则依法在本集体经济组织内转让土地承包经营权或者将承包地交回发包方

对比可知，调整后的土地承包法放宽了农户进入中、大城市落户条件，将原来需要归还村集体土地的强制性落户条件解除，农户落户后的行为选择集从"退回"扩张到"保留""退回"的二元选择，即赋予了落户农户的土地选择权。与此对应，农户的城市落户与土地处置行为的匹配模式就发生了相应改变，如表3-6所示。

表3-6　　　　　新土地承包法对农户一级行为匹配影响

	落户	不落户
保留	A_1	A_2
退回	A_3	A_4

在旧土地承包法制度下，农户在城市落户选择上具有"落户"与"不落户"的二维选择。在土地承包权处置上，若不链接其他行动，则也具有"保留"与"退回"的二维选择。但是当土地承包权与城市落户行为链接时，匹配选择集则发生改变。当农户选择了城市"落户"行为，则对应土地承包权处置只有"退回"的选择与之匹配，当选择不落户时，"保留"与"退回"选择则同时拥有。换而言之，在旧土地承包法制度约束下，农户城市落户与承包权处置两个行为的匹配选择集只有（A_2，A_3，A_4），A_1的行为匹配模式在旧土地承包法下是被制度禁止的。新土地承包法赋予了城市落户农户土地承包

权"保留"的权利,则将原来制度禁止的 A_1 匹配模式放宽,允许落户农户保留农村土地承包经营权,该制度将旧制度下的(A_2,A_3,A_4)行为匹配集扩展到了(A_1,A_2,A_3,A_4)。与此相对应,新土地承包法也扩大了农户城市落户行为与二级土地处置权的匹配选择集,如表 3-7 所示。

表 3-7　　　新土地承包法对农户二级行为匹配影响

二级土地处置		城市落户	落户	不落户
保留		自耕	A_{1-1}	A_{2-1}
		流转	A_{1-2}	A_{2-2}
		闲置	A_{1-3}	A_{2-3}
退回			A_3	A_4

同样分析逻辑,在旧土地承包法下,农户的行为匹配选择集仅有(A_{2-1},A_{2-2},A_{2-3},A_3,A_4),新土地承包法后,农户对土地经营权的处置与落户行为的匹配选择集扩张到整个选择集,即(A_{1-1},A_{1-2},A_{1-3},A_{2-1},A_{2-2},A_{2-3},A_3,A_4)。

(2) 新土地承包法变动稳定选择集。

赋予农户更多选择权是我国土地制度改革的主导方向,以上分析也论证了此次土地承包法修改依然秉承着这个原则。除此之外,我们更想探讨的是,制度调整后,选择权放宽后,原本稳定均衡的选择集会发生什么样的动态调整。

假设农户为"完全理性人",农户的完全理性体现在选择原则、信息、偏好上。选择原则指农户对城市落户与土地处置的选择上,无论何种选择,农户的选择原则只有一个,那就是效用最大化。可具体分解为利润最大化与福利最大化两维度,即农户是选择保留还是退回土地取决于两种选择带来的利润比较。若选择保留土地,则土地通过经济功能、保障功能、投资功能获得即期或者将来的土地收益；若选择退回土地，则获取当期土地退出补偿的收益，农户对此进行判别。信息假设指假定农户在整个行为选择中是信息完全的，即知晓制度带来的所有选择集变化，知道所有选择所对应的既定的收益，如退回土地能得到的补偿款项等。偏好假设是指所有农户的偏好是一致的，将农户进行同质化对待。在以上基本假设上，运用博弈分析方法，对新旧土地承包法下行为匹配的均衡点进行分析（见表3-8）。

表3-8　　新土地承包法对农户行为匹配成本收益影响

一级土地处置选择	城市落户选择 落户	不落户
保留	$A_1(E_{n-t1}+H_{t1}; E_{l1}-E_{l2}+H_{l1})$	$A_2(E_{n-t1}+H_{t1}; E_{n-l1}-E_{n-l2}+H_{n-l1})$
退回	$A_3(E_{t1}; E_{l1}-E_{l2}+H_{l1})$	$A_4(E_{t1}; E_{l1}-E_{l2}+H_{l1})$

假设农户选择城市落户行为为 L，不选择城市落户行为为 N-L；农户将土地归还村集体的行为为 T，自己保留不归还的行为为 N-T。假设每种行为选择的总收益为 F，其中包括经济效用（E）与福利效用（H）。"完全理性人"认为，每个人的行为共性是利益最大化，即在多项行为选择中，选择利益最大化的那个方案进行。在此思想下，对农户的每个行为选择进行收益分析，进而可以从理论上预判不同制度下农户的最稳定选择集。

$$R = f(E, H) \tag{3-6}$$

农户的每种行为选择总收益都由经济收益与非经济收益构成，经济收益指用钱能衡量的行为结果，非经济收益通常由机会、幸福感、满意度等衡量的主观感知。

$$R(L) = f(E, H) = f(E, H) = E_{l1} - E_{l2} + H_{l1} \tag{3-7}$$

农户选择城市落户，其获取的经济收益有城市居住后的就业收益,一般情况下是城市非农就业收益(E_{l1}),城市落户居住所需要的居住成本,包括租房或者买房成本、城市吃穿行的成本(E_{l2});在福利方面,选择城市落户后,拥有城市居民所享有的医疗、教育、文娱福利(H_{l1})。

$$R(N-L) = f(E,H) = f(E,H) = E_{n-l1} - E_{n-l2} + H_{n-l1} \quad (3-8)$$

农户不选择城市落户,不选择城市落户所对应的选择收益是 $R(N-L)$。其中经济收益包括农户的就业收益 E_{n-l1},该就业收益可以是在农村从事的纯农收益,也可以是外出打工城市就业收益,也可两者兼有的兼农收益。E_{n-l2} 为农村落户成本,依然包括吃、穿、住、行的成本。H_{n-l1} 为农村落户的福利,指农民依法所享有的待遇,包括农村的医疗、补贴、教育、文娱福利等。

对式(3-7)和式(3-8)农户城市、农村落户进行比较分析。随着我国就业制度的完善,户籍不再成为就业门槛,无论选择城市户籍还是农村户籍并不会影响农户就业收益的多少,因此 $E_{l1} = E_{n-l1}$。在居住成本中,显然城市居住成本要高于农村居住成本,尤其是在城市居住房屋开支上。大量文献研究表明,住房是影响农户城市落户的关键性要素,因此 $E_{l2} > E_{n-l2}$。在福利分析中,贺雪峰指出,我国城乡二元体制不仅体现在户籍二元上,福利二元也是非常典型的。城市相比较农村而言,有更好的医疗环境与教育环境,这些也是导致城乡收入差距的主要因素。虽然我国一直致力于城乡一元化的建设,但城市的福利在短期内依然显著高于农村福利,即 $H_{l1} > H_{n-l1}$。两式的对比发现,在落户选择上,城市与农村收益无绝对高低性,城市落户的拉力在于福利的增值,农村的拉力在于生活成本的低廉。

$$R(T) = f(E,H) = f(E,H) = E_{t1} \quad (3-9)$$

退回土地的收益分析 $R(T)$。按照土地承包法规定,农户退回后,能获取土地赔偿款 E_{t1},其余不再享受土地的其他收益。

$$R(N-T) = f(E,H) = f(E,H) = E_{n-t1} + H_{t1} \quad (3-10)$$

保留土地的收益分析 R(T)。保留土地，农户能获取每年正常的土地收益，如自耕所带来的农业收益，流转所带来的租金收益；土地的社保功能是农户保留土地的福利，文献表明，随着农民收入的提高，农户更加看重土地的保障功能。

对式（3-9）和式（3-10）农户退回与保留土地行为进行比较分析，政府在制订土地补偿款时，是按照土地使用期限内平均收益来计算的，因此 $E_{t1} = E_{n-t1}$。而保留土地还能获取额外福利收益 H_{t1}，从理论分析上来看，$R(T) < R(N-T)$，即在外界条件一致的情况下，保留土地的收益更高（见表3-9）。

表3-9　　　　新土地承包法对农户行为匹配动态影响

一级土地处置选择 \ 城市落户选择	落户	不落户
保留	$A_1(E_{n-t1} + H_{t1};\ E_{t1} - E_{t2} + H_{t1})$ ①↑	←② $A_2(E_{n-t1} + H_{t1};\ E_{n-t1} - E_{n-t2} + H_{n-t1})$
退回	$A_3(E_{t1};\ E_{t1} - E_{t2} + H_{t1})$	$A_4(E_{t1};\ E_{t1} - E_{t2} + H_{t1})$

新土地承包法前农户的行为匹配选择集为（A_2、A_3、A_4），由于 $A_2 > A_4$，现实中农户理性稳定选择集为（A_2、A_3）。新土地承包法后，农户行为匹配选择集为（A_1、A_2、A_3、A_4），由于 $A_1 > A_2$、$A_2 > A_4$，现实中农户理性稳定选择集为（A_1、A_2）。对制度前后的稳定选择集进行对比分析，发现在保持 A_2 行为匹配模式不变的情况下，选择落户的稳定匹配行为模式会从 A_3 转移到 A_1，即出现了城市落户与土地处置的动态匹配模式转变①。

新土地承包法前农户在（A_2、A_3）中权衡是否落户，落户的机会成本是选择不落户的土地收益，即 $E_{n-t1} + H_{t1}$。新土地承包法后农户在（A_2、A_1）中权衡是否落户，落户的机会成本是不落户的土地收益，即 $E_{n-t1} + H_{t1}$，该机会成本与选择落户的收益是一样的，因此机会成本为0。由此可见，土地承包法后农户城市落户的机会成本降

第3章 农民城市落户选择与土地处置的匹配逻辑

低，会促进部分农户从不愿意落户转移到愿意落户，即从 A_2 转移到 A_1，出现了城市落户与土地处置的动态匹配模式转变②。

3.4 小　　结

本章是全书的理论分析部分，主要回答的关键问题是，全书的匹配逻辑是什么，理论上城市落户与土地处置的匹配模式有什么，土地承包法修订对匹配的影响是什么。

（1）匹配逻辑。"理性人"的行为具有一致性，会受到共同因素影响。就农户城市落户与土地处置行为而言，会受到家庭偏好、经济收益影响，此外，相同文化下的信念会影响农户的非经济行为选择。基于此，可以得出，农户的落户行为与土地处置可联立方程，可进行行为匹配，形成一定规律的行为匹配模式。

（2）匹配模式。农户行为是在制度约束下，家庭利益最大化的决策结果。农户城市落户主要受到户籍管理制度的影响，在限制性劳动力流动政策下，是没有选择集的；在非限制性流动政策下，具有落户与不落户的选择集。土地处置主要受到土地承包法的影响，依据土地承包法规定，一级承包权具有"保留""退回"的选择集，二级经营权具有"自耕、流转、闲置"的选择集。将城市落户与土地处置进行匹配，可形成 A_1（落户、保留）、A_2（不落户、保留）、A_3（落户、退回）、A_4（不落户、退回）的一级匹配模式，A_{1-1}（落户、自耕）、A_{1-2}（落户、流转）、A_{1-3}（落户、闲置）、A_{2-1}（不落户、自耕）、A_{2-2}（不落户、流转）、A_{2-3}（不落户、闲置）的二级匹配模式。

（3）土地承包法修订对匹配模式的影响。土地承包法修订"城市落户农户可以选择退回土地也可选择保留土地"的规定扩大匹配选择集，进而影响了农户的选择行为，最终改变了匹配模式的分布。遵循"理性人"利益最大化原则，通过理论上梳理分析得出，农户城市落户与土地处置行为匹配将会从 A_2（不落户、保留）与 A_3（落户、退回）模式向 A_1（落户、保留）模式转移。

新土地承包法下农户
城市落户与土地处置的
动态匹配研究
Chapter 4

第4章 贵州省农户城市落户与土地处置现状

新土地承包法下农户城市落户与土地处置的动态匹配研究

本章为现状部分,其目的是厘清在新旧土地承包法下,农户城市落户与土地处置情况。利用贵州省宏观数据与微观农户调研数据,在阐述现状后,进一步描述性分析新旧土地承包法下农户城市落户、土地处置的变化,最后在此基础上探究行为变动的要素(见图4-1)。拟要回答的问题是:土地承包法修法前后,农户城市落户程度如何、土地处置情况如何?土地承包法修改后,是否对农户城市落户意愿、土地处置行为产生了影响,如果有,影响方向与程度是什么?

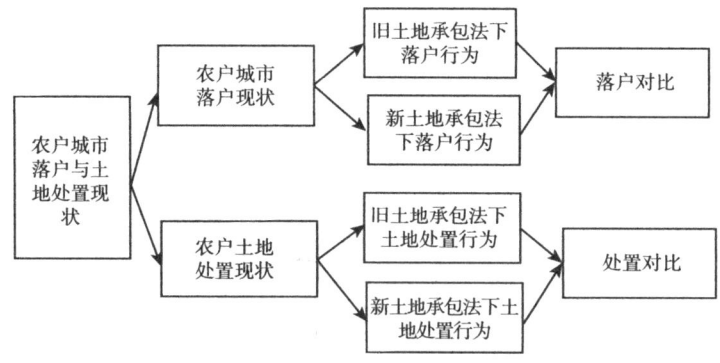

图4-1 本章的研究思路

本章所进行的土地承包法前后划分,并不以2019年的时间节点为界定,而借鉴刘西川(2016)的情景假设研究方法进行。调研时,分别采集农户新土地承包法前"落户退地条件"下与新土地承包法后"落户不以退地为条件"下的落户意愿,以此进行对比分析。运用该方法的原因是,一方面时间节点的调查方法蕴含着农户知道所有政策的假设,而现实中大量农户对土地制度的了解却明显不足;另一方面,也较难固定样本进行纵向多时点数据的采集。

4.1 农户城市落户分析

促进农户城市落户是推动城镇化的关键,但从已有研究来看户籍人口城镇化率并不乐观（刘小年，2017）。国家统计局数据显示，2015~2019年，我国的户籍人口城镇化率仅仅提高了4.48%，且增长速度逐年放缓。根据中国流动人口动态监测调查数据统计发现，2017年县城流动人口落户意愿也不高，仅25.56%，显著低于39.01%的全国总体的流动人口落户意愿，也显著低于40.83%的区（市、区等）的流动人口落户意愿（苏红建，2021）。不仅从全国宏观数据中显示户籍城镇化率增长放缓，落户意愿不高，各学者从调研微观数据中也发现了同样结果。在四川进行的有关农民工落户意愿的调查发现，近半数以上的受访者明确表示不打算将户口从农村迁移至城市（李俊霞，2016）。通过分析2009年和2014年的安徽省农户调查数据发现，愿意在城镇定居的农户比例从44%下降到24%（唐宗力，2015）。

贵州省为促进城镇化发展，进行了一系列的制度改革。2009年贵州省落户改革全面实施，出台了《关于推进户籍制度改革的意见》，意见规定在本省的城市、城镇相对固定居住和相对固定就业半年以上的，可以办理非农的城市、城镇户口。2012年出台的《贵州省流动人口服务管理条例》提出针对流动人口实行居住登记和居住证制度，并且凭居住证可以享受一样的服务和信息。2015年出台的《贵州省人民政府关于进一步推进户籍制度改革的实施意见》取消农业户口和非农业户口性质区分，统一登记为居民户口，全面放开中、小城市和建制镇落户限制；针对贵阳市南明区、云岩区在当地有固定居所（含租赁）三年以上并且参与社保5年以上，在贵阳市花溪区、乌当区、白云区和观山湖区的城区居住参与社保两年以上的群体，可以办理常住户口。2016年出台的《贵州省人民政府关于深入推进新型城镇化建设的实施意见》全面放开省域的户籍限制，促进有能力的在城镇生活的农业人口举家进城落户，享受和城镇居民一样的公共服务和权利。2019年出台的《贵州省人民政府办公厅关于印发贵州省居民户口登记管理暂行办法的通知》规定户口登记以户为单位，分为家庭户和集体户（以亲属关系居住生活在一起的，登记为家庭户。居住在机关、团体、学校、企业事业单位，由所属单位指定一名成员为户主，登记为集体户）。这一系列政策不断放宽农民进城落户条件，此次土地承包法修改也进一步放宽了农户进城落户条件。

那么，宏观上贵州省的城镇化推动情况如何，微观上农户城市落户意愿如何？新土地承包法下农户的城市落户意愿是否发生了改变？以上问题的探究不仅能对推动贵州省城镇化提供一定的现实参考，也能评估出贵州省在全国城镇化中的位置。

4.1.1 宏观贵州省城镇化发展概况

城镇化是经济发展所必经之路，是资源向高生产效率产业集中的表现。我国城镇化有两种衡量方法：第一种是户籍城镇化，即非农人口占总人口的比重，该种衡量方法忽略了户籍固定而就业变动的情景，例如，户籍为农业人口，但迁移到城市从事非农工作。第二种是人口城镇化，考虑了人口流动带来的就业差异，选用城镇常住人口占总人口比重来衡量，此方法在一定程度上弥补了第一种衡量方法的缺陷。基于此，本章主要以人口城镇化为主衡量方法，户籍城镇化为辅衡量方法来全面描述贵州省城镇化的发展历程。利用贵州省统计年鉴以及全国统计年鉴数据，对1978～2019年贵州省、全国城镇化率进行数据整理，得到图4-2。

第一，贵州省城镇化率呈"S"形递增发展。整体而言，贵州省城镇化率呈现逐步上升的趋势。1978年贵州省城镇人口数为323.97万人，城镇化率为12.06%；2019年城镇人口数提高到1775.97万人，城镇化率为49.02%，绝对人口数增加1452万人，城镇化率提高了36.96个百分点。从增幅情况来看，贵州省城镇化率经过了1982年

第4章 贵州省农户城市落户与土地处置现状

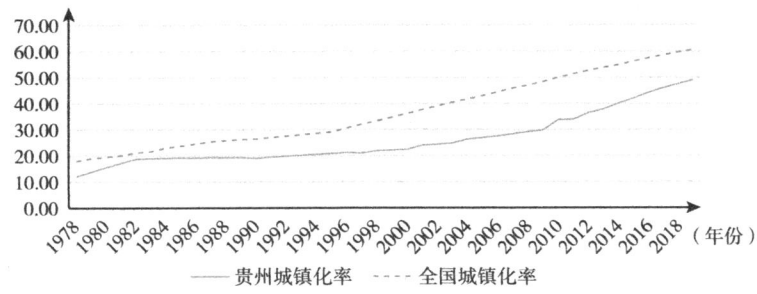

图4-2 贵州省、全国城镇化率

前与2010年后的两个增长拐点，呈城镇化率"S"形的发展特征。第一阶段是快速提升期，1978~1982年，城镇化率从12.06%上升到1982年的18.79%，4年间提高了6.73个百分点，平均增幅11.74%。第二阶段是缓慢提升期。1983~2000年，城镇化率从18.96%提升到22.40%，18年间仅提升了3.44个百分点，平均增幅仅为0.99%。第三阶段稳步提升期。2001~2019年，城镇化率从23.96%提升到2019年的49.02%，提升了25.06个百分点，平均增幅为4.24%。"S"形的发展特征与经济学的发展规律相吻合，在初期由于总人口基数较少，因此固定转移人口数的比例相对较大，出现了城镇化率11.74%高速递增阶段。第二阶段，贵州省规范劳动力转移规定稳定推进劳动力转移，出现了城镇化率0.99%平稳递增的特征。第三阶段，贵州省人民政府提出的《关于推进户籍制度改革的意见》和《加快推进我省城镇化工作的通知》等十几项制度强化措施，制度规范效应显现，出现了城镇化率4.24%快速递增的特征。

第二，贵州省已进入城镇化率加速阶段。依据诺瑟姆曲线规则，一国城镇化率会经过低于30%的城镇化初期、处于30%~70%的城镇化加速期，以及高于70%的城镇化发展后期三个阶段。贵州省从1978~2009年一直处于城镇化初期，2010年跨越30%的边界，进入城镇化加速期，2019年贵州省城镇化率为49.02%。借鉴张晓彤

(2021) 对城镇化的趋势预测方法,构建贵州城镇化发展函数:

$$y = \frac{1}{1 + \mu e^{-kt}} \quad (4-1)$$

其中,t 表示时间,y 表示城镇化率,μ 和 k 表示参数。设 1978 年为 0,1979 年为 1,对式(4-1)进行换算得到:

$$\mu e^{-kt} = \frac{1}{y} - 1 \quad (4-2)$$

取对数整理后,公式转化为:

$$y = a + bt \quad (4-3)$$

利用 SPSS 软件计算相关参数,结果显示 a = 0.725,b = 10.404,显著度为 0.000,可见城镇化率与时间存在显著的线性相关关系,且具有较高的拟合度。综上所述,贵州省城镇化率和时间的方程式为:

$$y = \frac{1}{1 + 2.064 e^{10.404t}} \quad (4-4)$$

依据该公式,预测 2020~2050 年贵州省的城镇化水平,如表 4-1 所示。

表 4-1　　　　　　　贵州省城镇化率预测

年份	2020	2021	2022	2023	2024	2025
城镇化率(%)	50.27	51.01	51.73	52.45	53.18	53.90
年份	2030	2035	2040	2045	2047	2048
城镇化率(%)	57.53	61.15	64.78	68.40	69.85	70.50

通过计算得到以上预测数据,在其他条件不变的情况下,贵州省城镇化率将在 2035 年达到 60% 以上,大约在 2048 年城镇化率达到 70% 以上,从而进入城镇化发展的后期阶段。

第三,贵州省城镇化率落后全国城镇化率平均水平。与全国城镇化率相比,贵州省城镇化率相对较落后,且差距出现"缩小—扩大—缩小"的演变特征。1978~1982 年,贵州省与全国城镇化率的差距从 5.12 个百分点下降到 2.34 个百分点,是城镇化率差距最小的阶段。随后 1983～2009 年城镇化率逐渐拉大,在 2009 年达到峰值 18.95 个百分点,2010 年至今差距逐年缩小,2019 年全国城镇化率为 60.6%,仅高于贵州省 11.58 个百分点。从所处阶段来看,全国 1996 年城镇化率高于 30%,进入加速期,2019 年为 60.6%,距离城镇化后期的 70% 城镇化率仅差 9.4 个百分点。而贵州省在 2010 年才进入加速期,落后于全国平均水平约 14 年,贵州省 2019 年城镇化率也仅为 49.02%,距离城镇化后期还相差约 21 个百分点。因此,无论是城镇化率,还是城镇化所处的发展阶段,贵州省都要远落后于全国平均水平。

4.1.2 旧土地承包法下农户城市落户

旧土地承包法规定"农户举家迁入县城及以下城镇的,农村承包地可以继续保留不收回;但如果举家迁入省区地级市的,农村承包地要收回村集体"。旧土地承包法下的落户行为是已经发生的,因此本章设置"2019 年前你家是否已经城市落户"问项,以此测度贵州省农户旧土地承包法下的农户落户行为。数据整体如表 4-2 所示。

表 4-2　　旧土地承包法下农户城市落户行为

是否已经城市落户	落户城市	不落户城市
频数(人数)	86	462
百分比(%)	15.7	84.3

在 548 份有效问卷中,已经城市落户的有 86 户,占比 15.7%,该数据低于贵州 2019 年的 49.02% 的城镇化率,也低于 2019 年全国流动人口 36.7% 的落户意愿。低于全国落户意愿的主要原因有三个:第一,贵州虽然近几年经济增速迅猛,但整体在全国属于经济较落后的省份,二三产业相对较弱,对农户落户的吸引力相比全国水平较弱。第二,全国数据针对的是流动人口和农民工群体,而本书研究群

体是农户。大量研究表明,现在的或者有过外出的打工群体的落户意愿更强,因此就研究对象而言,本章整体研究群体的城市落户率较低。第三,全国数据是落户意愿,而本数据测度的是实际落户行为,意愿与行为之间存在滞后性,因此数据会低于全国落户意愿。该数据低于贵州省49.02%城镇率的原因有两个方面:一方面与调研样本有关;另一方面贵州省城镇率还包括被动城镇化数据,如撤乡并镇,而本章调研的都是基于农户主观意愿的城市落户。

4.1.3 新土地承包法下农户城市落户

新土地承包法规定"国家保护进城农户的土地承包经营权,不得以退出土地承包经营权作为农户进城落户条件"。修改后的新土地承包法不仅解除了原有"落户退地"的制度约束,还扩张了农户落户后土地处置的选择权,从"有偿退出"单项选择,扩充到了"有偿退出"与"不退出"两个选择集。因此,设立"若可选择不归还土地,也可选择有偿归还,您家是否愿意城市落户?"问项进行新土地承包法后农户城市落户意愿的衡量。在总样本548份中,删除已城市落户的86户,保留有效未城市落户的462份数据。数据分析如表4-3所示。

表4-3　　　　　　　新土地承包法下农户城市落户意愿

若可选择不归还农地,也可选择有偿归还,您家是否愿意城市落户	愿意	不愿意
频数(人数)	192	270
百分比(%)	41.6	58.4

在462份有效问卷中,新土地承包法下,愿意城市落户的农户有192户,占比41.6%;不愿意城市落户的农户有270户,占比58.4%。两类占比仅相差16.8个百分点,差距在缩小。

4.1.4 新旧土地承包法下农户城市落户对比

对新土地承包法前后农户落户行为进行对比发现,增加选择集后,农户落户行为从原来的 15.7%,提高到 41.6%,提高了 25.9 个百分比。进一步对两组数据进行配对样本 T 检验,结果如表 4-4 所示。

表 4-4　新旧土地承包法下农户城市落户行为 T 检验

	成对样本检验				
	均值	标准差	t	df	Sig.（双侧）
土地承包法修改前与土地承包法修改后	-0.416	0.494	-18.12	460	0.000
	成对样本相关系数				
	N	相关系数	Sig.		
	461	0.509	0.000		

表 4-4 显示了土地承包法修改前后两组数据的关联性。从结果来看,两组数据 P=0.000,说明具有相关性,其相关系数为 0.509。两组数据的成对样本检验结果显示,P=0.000,t=-18.12 说明两组数据具有显著差异性,即土地承包法修改后,制度调整有效地刺激农户城市落户的潜在需求。潜在需求一旦被激发,则城市必须做出相应的扩容工作,因此本章进一步考量了潜在需求者城市落户的时间打算,对新土地承包法下愿意城市落户的农户增设问项"近五年内是否有落户行为",继续追问新土地承包法修改后具有落户意愿群体的未来落户打算。

表 4-5 统计发现,愿意城市落户的 192 农户中,有 70 户占比 36.5% 的农户在五年内具有城市落户行为,有 122 户占比 63.5% 的农户在短期五年内不会将落户意愿付诸行动。可见,农户短期城市落户意愿较低,新土地承包法修改对农户短期落户意愿改变的影响较

小，对农户长期落户意愿改变的影响较大，农户城市落户行为是一个长期的过程，这与任远提出的流动人口长期居留的"融入决定假设"一致，即外来人口进入城市以后，将逐步深深地卷入城市的生产、生活中，他们与城市运转结合越紧密，将具有越强的长期居留倾向，在长期居留融合后，产生落户意愿及行为（王成利，2020）。

表4-5　　　　新土地承包法下农户预计落户时间

	新土地承包法下 愿意城市落户	近五年内是否有落户行为	
		是	否
户数（户）	192	70	122
比例（%）	100	36.5	63.5

4.1.5　新土地承包法下城市落户群体特征

在明晰土地承包法修改能有效促进农户城市落户行为的结果下，我们需要进一步探讨，哪一类农户会被政策启动，成为第一批政策的红利者，这批农户具有何种共性特征？通过对此的分析，不仅能从理论上检验农户群体差异性的政策敏感弹性，也能在实证层面上探析，这一类群体"脱离"农村会给城市以及农村带来什么样的影响。

依据文献综述，本章认为农户落户行为变迁与家庭土地禀赋、家庭子女受教育程度需求、农户家庭收入、人力资本、社会资本、农户家庭生命周期相关，建立相关的计量模型。

（1）模型设定。

农户城市落户行为变迁（Y）是"0、1"二维变量，落户行为"从不愿意落户变迁到愿意落户"取值1，落户意愿不变的取值0。鉴于两分变量，选择二元Logit回归模型进行计量分析。设变迁概率为p，将比值$p/(1-p)$取自然对数$\ln[p/(1-p)]$，记为$\text{Logit}(p)$，则$\text{Logit}(p)$的取值范围为$(-\infty, +\infty)$，以$\text{Logit}(p)$为因变量，

第4章 贵州省农户城市落户与土地处置现状

X_j 为自变量，对应回归模型为：

$$P = \frac{\exp(\beta_0 + \beta_1 X_1 + \beta_2 X_2 + \cdots + \beta_m X_m)}{1 + \exp(\beta_0 + \beta_1 X_1 + \beta_2 X_2 + \cdots + \beta_m X_m)} \quad (4-5)$$

在 Logit 回归分析时，得到概率函数与自变量间的线性表达式为：

$$\text{Logit}(P) = \ln\left[\frac{p}{1-p}\right] = \beta_0 + \beta_1 X_1 + \beta_2 X_2 + \beta_3 X_3 + \beta_4 X_4 + \beta_5 X_5 + \beta_6 X_6 + \epsilon \quad (4-6)$$

其中，β_0 为常数项，X_j 为影响农户城市落户行为变迁因素，X_1 为家庭土地禀赋，X_2 为家庭子女教育需求，X_3 为农户家庭收入情况，X_4 为农户家庭人力资本，X_5 为农户家庭社会资本，X_6 为农户家庭生命周期，ϵ 为随机误差项，β_j 为各变量相应系数。

（2）变量分析。

被解释变量（Y）：农户城市落户行为变迁。与以往农民工城市落户意愿研究不同，本章关注土地承包法修改前后，农户城市落户意愿改变情况。借鉴实验经济学相关方法，本调研运用情境假设方法采集数据。以调研时调研对象的认知状态为基点获取状态1下的落户行为，随后变换情境，获取调研对象认知状态2下的落户意愿。数据统计显示，有58.4%的农户落户行为没有发生改变，即没有城市落户的农户在新土地承包法下依然不选择城市落户，有41.6%的农户落户行为发生了变迁，即从旧土地承包法下不愿意城市落户转变为愿意城市落户。

解释变量：家庭土地禀赋（X_1）。土地禀赋是村集体分配给农户家庭的土地情况，可通过土地数量与质量来反映。已有文献用"是否拥有土地""土地面积""土地细碎"衡量。借鉴已有文献，本章选用"家庭承包地面积"指标量化土地禀赋，当面积和块数为0时，表示该农户在村集体未分到相应的承包地。数据统计如表4-6所示。

表4-6　　　　　　　　农户家庭土地禀赋

面积（亩）	0.1~3	3.1~6	6.1~10	10.1以上	最小值	最大值	平均值
承包地规模	72%	16.7%	7.2%	4.1%	0.1	20	3.12
块数（块）	1~3	4~6	7~10	11以上	最小值	最大值	平均值
承包地块数	54.8%	28.3%	12.2%	4.7%	1	18	3.76

表4-6显示了样本农户家庭土地禀赋分布情况。从极值来看，承包地最小规模为0.1亩，最大为20亩，承包地块数最小值为1块，最大值是18块。从均值来看，平均承包地规模为3.12亩，块数为3.76块，平均每块面积为0.9亩。该值小于2003年农业部统计户均每块土地1.3亩的数据，表明西南山区土地细碎化程度高于全国平均水平。从土地禀赋分布来看，有72%的农户家庭承包地面积在0.1~3亩，16.7%的农户土地承包面积在3.1~6亩，7.2%的农户承包土地面积在6.1~10亩之间，10.1亩以上的农户家庭占比4.1%。从承包地块数来看，1~3块的农户家庭占比54.8%，4~6块的占比28.3%，7~10块的占比12.2%，11块以上的占比4.7%。

解释变量：家庭子女受教育需求（X_2）。家庭子女受教育需求反映农户家庭对城市公共教育的潜在需求程度。本章选用"是否具有教育需求"的问题衡量，指农户家庭现在、将来是否有子女需要接受正规教育。依据答案将家庭分为"无教育需求家庭=0"和"有教育需求家庭=1"。无教育需求家庭包括子女已结束正规教育（大学为止）、已就业或已超过受教育年限（22岁）三种情况。有教育需求家庭指正接受教育、未来需要接受教育的两种情况。

解释变量：人力资本（X_3）。舒尔茨指出，教育是提高人力资本最重要的途径。教育可分为正规教育与非正规教育，正规教育由于存在委托—代理关系，即父母作为孩子的代理人，在一定程度上，代理人的目标直接影响了委托人的受教育程度。例如，通过调研我们发现，如果有着"教育没有什么用，不如回家种地"观点的父母，其孩子的受教育程度普遍较低。而认为"教育是孩子跃出农门，获得更好生活的最有效的方法"观点的父母，其孩子的受教育程度普遍较高。因此，个体在正规教育中存在被动性。此外，由于样本年龄跨度较大，20 世纪 50~60 年代的教育程度与现在的教育程度存在很大的差异性，同比性不够强。因此，本章认为，选择具有可比性和主动性的非正规教育——培训来代表人力资本。已有文献常用"你是否参加过培训"来衡量农户的人力资本。在乡村振兴中，国家为了提高农民素质，开展了大量免费技能培训，也较难测算出农户的主动性。鉴于此，本章设置问项为"您家是否自费参加过技能培训？"来衡量农户家庭人力资本。

解释变量：社会资本（X_4）。Fukuyama（1996）指出，社会资本就是一种信任的表示，对外界事务与人际的信任程度，信任程度越高，则社会资本越高。Burt（1997）认为社会资本是社会网络的体现，社会网络越大，异质性越强，结构洞越大，则获取异质性信息能力越强，获得的先机与机遇概率就更高，因此其社会资本程度就越大。Coleman（2000）综合众多学者的观点，系统性地指出，人力资本是多维度的，由个体网络结构、社会组织参与情况、社会信任三维度构成。综合以上学者观点，本章选用 Coleman（2000）的综合论，用农户平时交往的朋友个数、参加社会组织的个数、对外界信任程度三个指标，进行无量纲化处理后，形成 1~5 逐步递增的五个维度。

解释变量：收入（X_5）。收入的衡量方法有三种：第一种是收入的绝对值，通过询问收入与支出进行校正后获取更贴近现实的数据；第二种是收入绝对值取对数；第三种是将收入绝对值换算成相对值，形成可比较的等级纳入模型。本章选用第三种，通过对农户收入与消费询问，获取年收入的绝对值，在根据绝对值的分布，将其划分为五个维度，形成 1~5 逐步递增的农户家庭收入水平。

解释变量：生命周期（X_6）。家庭生命周期，最初是由美国人类学者 P. C. 格利克于 1947 年提出的，指的是一个家庭诞生、发展直至消亡的运动过程，它反映了家庭从形成到解体呈循环运动的变化规律。格利克（1949）将家庭生命周期分为形成、扩展、稳定、收缩、空巢、解体六个阶段。罗杰斯（1970）将生命周期划分为学前阶段、入学阶段、青少年阶段、青年成年阶段以及离家阶段，并将每个阶段划分为不同的子阶段，共计 24 个阶段。借鉴以上划分依据，结合实际数据的可得性，本章将生命周期划分为三个阶段，分别是青年家庭、中年家庭与老年家庭。其中青年家庭是夫妻平均年龄 35 岁以下的家庭，中年家庭是夫妻平均年龄 36~60 岁的家庭，老年家庭是夫妻平均年龄为 61 岁以上的家庭。对样本数据进行整理，得到以下变量统计值如表 4-7 所示。

表 4-7　　　　　　　变量统计（N=462）

变量	变量赋值	均值	标准差	预期影响
农民落户意愿变迁（y）	否=0　是=1	0.416	0.475	
家庭承包地面积（x_1）	亩	3.12	4.11	+
子女教育需求类型（x_2）	无教育需求家庭=0 有教育需求家庭=1	0.68	0.47	+
家庭收入（x_3）	1~5 维度	3.02	1.248	-
人力资本（x_4）	没有自费接受过培训=0 自费接受过培训=1	0.66	0.474	+
社会资本（x_5）	1~5 维度	2.58	1.251	+
家庭生命周期（x_6）	青年家庭=1； 中年家庭=2； 老年家庭=3	2.24	0.703	-

从变量统计数据来看，有 34.5% 的农户城市落户行为发生了改变，从旧土地承包法下不选择城市落户到新土地承包法下愿意城市落户，该指标进一步说明了制度具有较好的响应性。从农户承包地面积来看，平均每户承包 3.12 亩。在子女受教育需求中，有 31% 的农户具有教育需求，标准差为 0.47，从样本分布来看，有教育需求农户

第4章 贵州省农户城市落户与土地处置现状

家庭占比为68.8%。从人力资本来看，有66%的农户表示自费接受过培训，问及培训类别，大多是"美发""机械""摄影""修车"等城市生计型培训。从家庭生命周期来看，有61.1%的家庭处于中年家庭，均值为2.24。

（3）实证结果。

对量表的信度、变量的多重共线性进行检验。结果表明，Cronbach's α 值为0.81，整体量表信度较好。VIF（方差膨胀因子）值在 1~2，小于10，容差在0.7~0.9，大于0.1，可认为变量间不存在多重共线性问题。

运用SPSS软件，采用逐步回归的方法进行实证分析，结果如表4-8所示。

表4-8 逐步回归结果

	模型1		模型2		模型3		模型4	
	B	wald	B	wald	B	wald	B	wald
家庭承包地面积（x_1）	0.04	0.085	0.003	0.064	0.003	0.081	0.007	0.294
子女教育需求类型（x_2）			0.013*	0.05	0.026*	0.017	0.066*	0.735
家庭收入（x_3）					-0.089*	1.490	-0.119*	2.588
人力资本（x_4）							0.444*	4.972
社会资本（x_5）								
家庭生命周期（x_6）								
N								
-2对数似然值	701.73		695.9		694.47		692.12	
Pearsonλ^2	0.001		0.002		0.003		0.017	
Sing	0.00		0.00		0.00		0.00	

	模型5		模型6	
	B	wald	B	wald
家庭承包地面积（x_1）	0.006	0.254	0.009	0.491

续表

	模型5		模型6	
	B	wald	B	wald
子女教育需求类型（x_2）	0.068*	1.118	0.114*	0.323
家庭收入（x_3）	-0.119*	2.573	-0.128*	2.90
人力资本（x_4）	0.423**	4.494	0.383*	3.617
社会资本（x_5）	0.135**	3.510	0.130*	3.197
家庭生命周期（x_6）			-*	5.898
N				
-2对数似然值	691.378		685.311	
Cox and Snell R^2	0.019		0.030	
Sing	0.00		0.00	

注：*、**、***分别在10%、5%、1%的水平上显著。

家庭土地禀赋与落户行为变迁。表4-8中的模型1、模型2、模型3、模型4、模型5、模型6的估计结果均显示，家庭土地禀赋不显著影响农户城市落户意愿变迁，假设1没有通过验证。可能的原因是，家庭土地禀赋是村集体基于公平原则分配的结果，整体而言，村集体内部土地禀赋并不存在太大差异性。此外，随着我国城镇化的推进，在农户家庭收入中，土地收益相比较非农收益而言，比重逐渐下降。土地禀赋对于农户而言，更多地体现在非经济功能上，即土地所蕴含的权利与社会保障功能。土地禀赋效应，是一种不可替代的人格化财产，由赋权的身份化（成员权）、确权的法律化（承包合同）、持有的长久化（长久承包权）而使财产的人格化程度不断增加。因此，用规模化形成的土地禀赋客观指标并不影响农户城市落户意愿变迁。本章做进一步检验。一方面，对土地功能重要性排序；另一方面，考量土地经济收入对城市落户意愿的影响。统计结果显示，在土地功能重要性排序中，35.4%的农户看重土地的身份功能，身份权蕴

第4章 贵州省农户城市落户与土地处置现状

含着分红权和国家赋予的农民福利；23.2%的农户看重土地的经济功能；21.3%的农户看重土地社保功能，尤其是土地的养老功能，农户表示"孩子们自己生活也不容易，我就靠这块土地养老了"；20.1%的农民更加看重土地的金融功能，即土地的抵押权、入股权等。由此可见，随着我国土地改革的深入，土地多功能效用已显现，作为生产要素的经济功能逐渐与身份功能、保障功能、金融功能并重。另外，关于土地经济收入对落户意愿的检验，回归结果见表4-9。

表4-9　　　　　　土地经济收入对落户意愿回归

	土地承包法修改前农户落户意愿			土地承包法修改后农户落户意愿		
	系数	标准差	显著性	系数	标准差	显著性
土地收入占比	-0.001	0.001	0.394	0.001	0.001	0.814
常数	0.272	0.035	0.00	0.169	0.030	0.00

从回归结果可见，无论是土地承包法修改前还是修改后，家庭土地收入占比对城市落户意愿不产生显著影响，即土地的经济功能并不影响落户意愿。结合已有文献"土地制约农户城市落户意愿"的共识，可进一步表明，土地的非经济功能是影响农户城市落户的关键。

家庭子女受教育需求与落户行为变迁。从模型2、模型3、模型4、模型5、模型6可见，需求类型对落户意愿变迁产生正向显著影响，均通过了10%显著性检验。这表明相比较无子女受教育家庭而言，有子女受教育家庭更容易被新农村土地承包法释放落户意愿，调研中农户表示"去城市生活，最大的原因就是为了孩子能得到更好的教育""孩子教育好了，以后家里才会好"，假设2得到验证。

农户家庭收入水平与落户行为变迁。从模型3、模型4、模型5、模型6可见，农户家庭收入显著影响农户城市落户行为变迁，影响方向为负。即越是低收入家庭，越容易被新土地承包法所释放城市落户行为，这与我们最初的假设相一致，假设3得到检验。值得一提的是，本章研究的观点与已有的高收入家庭更容易城市落户的观点并不矛盾。卢海阳（2019）指出，收入较高的农户更容易融入城市，并选择城市落户。因为高收入家庭的城市适应能力更强，尤其是高收入家庭在城市有能力购买城市的住房（钱文荣，2020）。假设3得到验证的主要原因是，高收入家庭的城市落户并不会显著受到制度变迁的影响，可能更多受城市收入、城市福利的影响，而低收入家庭可能城市落户的比例并不高，但城市落户意愿更容易在此次制度调整中被释放。

农户家庭人力资本水平与落户行为变迁。从模型4、模型5、模型6可见，农户家庭人力资本显著影响农户城市落户行为变迁，影响方向为正，且具有稳健性。即人力资本越强的农户，越容易被政策所影响，转变城市落户行为。由于本章研究人力资本选用的是"主动自费培训行为"，因此，此处的人力资本更倾向于自驱能力强的农户家庭。假设4得到检验。

农户家庭社会资本水平与落户行为变迁。从模型5、模型6可见，社会资本显著影响农户城市落户行为变迁，社会资本越强的农户群体，新承包的实施后越容易从不选择城市落户转变为选择城市落户。该结论与假设相一致，假设5得到检验。

农户家庭生命周期与落户行为变迁。从模型6可见，生命周期负向影响农户的城市落户行为变迁，生命周期越年轻的家庭，越容易从不选择城市落户转变为选择城市落户。结论表明，假设6得到检验，新土地承包法最先启动的是农村年轻的农户家庭群体。

4.2　土地处置行为分析

农户土地处置行为是指，在我国农地"三权分置"的背景下，农户对土地承包经营权的处置行为选择。农户的土地处置行为选择集如表 4 - 10 所示。

表 4 - 10　　　　　　　　农户土地处置行为选择集

	行为选择集			
一级承包权	退回	保留		
二级经营权	—	自耕	流转	闲置

作为微观个体，农户的土地处置行为是家庭生计资本配置之一，以最终实现家庭效用最大化的过程，因此，无论是一级承包权行为选择还是二级经营权行为选择都是农户家庭的理性行为。由于我国户籍与就业市场的巨大分离，出现了大量"离农"却未"离地"的农户，"进城"却未"弃地"的农户，从而形成了多样化的土地处置行为，同时也出现了土地低效配置的现象。谢勇将土地处置行为分为家庭耕种、土地流转和抛荒，69.89%的农户选择了家庭耕种的方式，而选择流转和抛荒的所占的比例较少。黄祖辉和王朋提出在广大农民和政府实践的基础上，各地区自由灵活地安排土地处置的方式，其中出租、互换、转让等方式占到了15.3%、14.1%和11.3%，另外，其他形式的土地处置方式如返租倒包和土地股份合作等方式也开始推行。

就宏观而言，所有个体的行为选择会对整个区域、国家经济社会产生重大影响。因此，国家及各级政府应从国家、区域整体发展最优化角度，运用补贴、政策倾向等政府措施，鼓励、支持农户的某种土地处置行为，如鼓励土地流转实现规模经济、禁止土地抛荒闲置等，使其进入整体土地资源配置最大化的良性运作阶段。

大量文献表明，制度变迁在一定程度上会塑造、重构农民行为。诺斯指出，制度以降低的不确定性和交易费用，可塑形人们之间互动关系的约束，限制人们交流行为的框架。社会制度引导人类的行为，人的行为影响和推动制度变迁，两者共同又相互影响社会形态。具体在土地制度与农户行为研究中,有学者认为政府作为主导和农民作为制度的主要参与者,两者的态度是制度变迁顺利发展的关键因素,两者相互的演化形成不同的策略选择。叶剑平、蒋妍(2006)等提出制度和产权因素是阻碍土地流转市场发展的主要因素。有学者认为制度影响行为是受到中介认知的影响,尤其体现在制度影响农户可持续认知,最终作用于耕地可持续发展的土地利用行为选择上。原有《土地承包法》制度安排中出现的缺陷,直接影响了农户土地抛荒行为,因此法律的修订与安排必须以农民生存利益为本,以此引导、鼓励、重构农户的行为。此外,学者还研究了制度变迁对农户消费行为、投资行为的影响。

综上所述,在制度能影响农户行为,政府基于宏观经济社会发展方向希望土地配置进入一个良性化运作的背景下,本章想要探讨的主要问题是,作为影响农户土地行为最重要的《土地承包法》的制度调整,是否会对农户土地处置行为产生影响,若有,产生何种影响?是否吻合了《土地承包法》提高农民收入、提高土地资源利用率、促进农业现代化和城市化的制度目标。

本章在讨论土地处置时,理论上经营权处置可分为自耕、流转与闲置,但现实中,农户并非单一处置方式。例如,有的农户会选择部分自耕部分流转、部分自耕部分闲置、部分流转部分闲置等,甚至有的农户家庭三种处置方式兼有。在兼容数据处理时,以占比最多的来代替。当农户家庭存在自耕与流转两种处置方式时,若自耕比例更大,则视为自耕。

4.2.1 旧土地承包法下农户农村土地处置行为

在新《土地承包法》之前的 2009 年修订的版本中第二十六条规定:"承包期内,承包方全家迁入小城镇落户的,应当按照承包方的

第4章 贵州省农户城市落户与土地处置现状

意愿，保留其土地承包经营权或者允许其依法进行土地承包经营权流转。承包期内，承包方全家迁入设区的市，转为非农业户口的，应当将承包的耕地和草地交回发包方。"在此政策的约束下，农户在面临是否选择进城落户时，如果选择进城落户就意味着要将承包地退还给村集体；反之不进城落户，农户则可以根据家庭状况和自身条件保留承包地，在家庭利益最大化和"理性经济人"的考虑下，将承包地自由灵活处置。

农户农村土地处置行为方式，根据国家政策中旧《土地承包法》第三十二条规定："通过家庭承包取得的土地承包经营权可以依法采取转包、出租、互换、转让或者其他方式流转。"结合政策文献和依据调研中的现实情况，将农户农村土地处置行为方式分为以下三种：一是自耕，农户根据家庭分工由家庭成员中一部分或者全部人员耕种；二是流转，农户家庭将承包地无偿或者有偿地转租给其他人耕种；三是闲置，农户家庭无成员管理耕种承包地，任其荒废。

依据选择集设立"您家现在的土地如何处置？"问项，选项1农户家庭土地自耕、选项2土地流转、选项3土地闲置、选项4农地退回，由此了解农户家庭在新土地承包法之前的土地处置状况，依据调研问卷的数据整理，对新土地承包法前农户农村土地处置行为现状进行统计分析，结果如表4-11所示。

表4-11　旧土地承包法下土地处置方式（N=548）

	行为选择集						
一级承包权	退回		保留				
	100户	18.2%	448户	81.8%			
二级经营权	—		自耕		流转		闲置
			230户	51.3%	120户	26.8%	98户	21.9%

从表4-11数据统计，可以得到农户旧土地承包法下土地处置的特点：

第一，在承包权处置中，保留土地依然是大量农户的选择。如表4-11所示，保留土地占比为81.8%，448户农户选择保留土地；100户农户选择退回土地，占比为18.2%。大量农户依然将土地作为主要生计资本，以此为生。正如洪名勇（2015）所说，土地依然是农民的命根子，其生存、社交都是以土地为原点扩散开去。即便在土地经济功能降低的情况下，土地依然是联结农户与农户、农户与外界之间的关键桥梁。因此，依然有81.8%的农户选择保留土地。

第二，在经营权处置中，自耕是农户的首选。在保留土地的448户农户中，有230户农户选择自耕，占有效保留土地样本51.3%。从自耕户调研中发现，自耕有两种类型：第一种是主要劳动力外出，由留守在家的老人低效耕种，多以自给自足的生产消费方式运行，土地收益仅是总收入的小部分；第二种是土地经营收益是家庭经济主要来源，家庭主要劳动力在土地种植和经营，通过自我消费以及剩余产品的市场销售，获得主要生计。如果家庭有剩余劳动力，则通过外出打工获取打工收入。这种自耕方式就是典型二元经济结构中的劳动力迁移特征，剩余劳动力转移到城市非农产业。

第三，在经营权处置中，土地流转与闲置是农户的次选。从表4-11来看，分别有98户农户、120户农户选择了土地闲置与流转，占有效样本的21.9%、26.8%。由此可见，土地闲置率和因闲置引起的土地抛荒比例都较高。这也反映出土地严重低效配置的现象。

4.2.2 新土地承包法下农户农村土地处置行为

同样的研究方法对新土地承包法后农户的土地处置行为进行分析。设立"若可选择不归还土地，也可选择有偿归还，您会如何处置您家的承包地?"依据调研问卷的数据整理(旧土地承包法下有448户农户保留了土地),对新土地承包法下农户农村土地处置行为现状进行统计分析,结果如表4-12所示。

表4-12　　　新土地承包法下土地处置方式(N=448)

	行为选择集					
一级承包权	退回		保留			
	6户	1.3%	442户		98.7%	
二级经营权	—		自耕	流转		闲置
			189户　42.8%	226户　51.1%		27户　6.1%

从表4-12数据统计,可以得到农户新土地承包法后,土地处置的特点:

第一,在一级承包权处置中,土地保留依然是农户土地处置的主要方式。扩大农户选择集后,样本中有442户,占比98.7%的农户选择保留土地。该值进一步表明,土地对于农户的重要性。

第二,在二级经营权处置中,农户选择流转、自耕、闲置的处置方式。在442户保留土地的农户中,有226户选择流转占比51.1%,有189户占比42.8%的农户选择自耕,27户占比6.1%的农户选择闲置。自耕是土地的自我经营,更多体现的是土地的经营性功能;流转是土地的租金体现,更多地体现土地的财产性功能,是非农户主要的生计来源;闲置是土地产权保留的体现,当期经济性与财产性功能均未体现。从表4-12的处置比例分布和农户主观意愿来分析,土地的财产性功能强于经营性功能,且存在部分农户仅看重土地的产权功能。

4.2.3　新旧土地承包法下农户农村土地处置行为的前后对比

对土地承包法修改前后农户土地处置行为进行对比,如表4-13

所示,农户土地处置行为发生了以下改变。

表4-13　　　　新旧土地承包法下土地处置方式对比

	退回	保留		
		自耕	流转	闲置
旧土地承包法下	100 (18.2%)	230 (51.3%)	120 (26.8%)	98 (21.9%)
新土地承包法下	6 (1.3%)	189 (42.8%)	226 (51.1%)	27 (6.1%)

第一,在新土地承包法后,农户承包权退回比例下降、保留比例上升。土地承包法前农户退回土地有100户,占比为18.2%,新土地承包法后愿意退回农地的户数为6户,占比为1.3%,降低了16.9个百分点。土地承包法修改前,要么城市落户退回、要么农村落户保留,在强制性选择的情况下,退回土地是落户农户的唯一选择,因此该数值相对较高。而土地承包法修改后,城市落户的农户有了"退回、保留"的二元选择,在选择集扩大的情况下,农户更多选择保留农地。调研中,农户表示"就算我城市落户了,土地也不能退,在城市待不下去,起码还有一条退路""舍不得这块地,祖祖辈辈都靠这个生活,不到万不得已不会退的""农地是退容易,再拿回来就难了""退回土地的补偿金花不到多久就用完了,但是只要有土地在,它就永远值钱"……由此可见,基于安全性、生计习惯性以及土地的长久预期价值性,在选择集扩大的情况下,农户更倾向选择保留农地。该结果也与我们最初预想的一样。

第二,在新土地承包法下,土地经营权配置效率提高。土地承包法修改后,农户流转比例从26.8%上升到51.1%,提高了24.3个百分点;闲置比例从21.9%下降到了6.1%,下降了15.8个百分点;自耕比例从51.3%下降到42.8%,下降了8.5个百分点。土地流转被认为是资源优化配置途径之一,从低效配置农户手中向高效配置农户处流转,从土地闲置到土地耕种产生效益处流转。由此数据可见,自耕与闲置的处置方式向流转方式转变,这是土地经营权配置效率提

第4章 贵州省农户城市落户与土地处置现状

高的有效表现。

第三，在土地承包法修改后，对农户承包权配置产生显著差异，对农户经营权配置不产生显著差异性。对农户土地承包权与经营权处置行为进行配对样本T检验，检验新旧土地承包法下农户的土地处置行为是否存在显著差异性。其中，承包权处置行为是总样本419户农户中"退回（0）"与"保留（1）"行为的差异性检验，经营权处置行为是"自耕（1）、流转（2）、闲置（3）"行为的差异性检验，运用SPSS软件进行量化分析，结果如表4-14所示。

表4-14 新旧土地承包法下农户土地处置方式异质性检验

	成对样本检验				
修改前承包权配置 & 修改后承包权配置	均值	标准差	t	df	Sig.（双侧）
	-0.160	0.392	-8.346	418	0.00
	成对样本相关系数				
	N	相关系数	Sig.		
	548	0.051	0.302		
	成对样本检验				
修改前经营权配置 & 修改后经营权配置	均值	标准差	t	df	Sig.（双侧）
	0.054	0.895	1.104	331	0.270
	成对样本相关系数				
	N	相关系数	Sig.		
	350	0.220	0.00		

表4-14显示了新旧土地承包法下农户土地处置出现的差异性结果。上半部分为土地承包权处置的差异性结果，下半部分呈现的是经营权处置的差异性结果。从承包权处置结果来看，标准差为0.390，T值为-8.346，sig值为0.00，说明新旧土地承包法下农户土地承包权处置方式具有显著差异性，即制度调整改变了农户原有承包权的处置方式。从经营权处置结果来看，标准差为0.895，sig值为0.270，说明新旧土地承包法下农户土地经营权处置方式没有显著差异，即制

度调整并未改变农户经营权处置方式。该结论在调研中也得到了进一步的证实,农户表示"不到万不得已,不会退回土地的""除非急需要钱,否则不会选择退回土地的""反正现在收入也主要是打工收入,从土地上找钱太难,太累,土地放着也没有太大关系",可见,土地的退回与否更多与农户家庭的生计环境相关,而与土地承包法的关系相对较弱。但问到经营权处置方式时,农户表示"土地一直都是租给别人种的,落不落户都一样的""我们那个地方,都没有人愿意种地,也找不到人来包地(流转),土地出不来东西,要不我也不会愿意去城市住了"。

4.3 小　　结

本章是现状、对比部分,主要通过宏观与微观数据分析,识别土地承包法前后贵州省农户城市落户意愿程度、农村土地处置情况,通过农户城市落户意愿变迁、土地处置行为变化两个方面,辨析土地承包法修改是否对城镇化以及农业现代化产生影响。

(1) 农户城市落户意愿。从宏观数据来看,贵州省城镇化率呈"S"形的发展特征,2019 年贵州省城镇化率为 49.02%,已进入了城镇化加速阶段,但依然落后于全国城镇化率 60.6% 的平均水平。从微观数据来看,旧土地承包法下农户城市落户率为 15.7%,新土地承包法后落户意愿为 41.6%,该值接近于贵州省的城镇化率。数据显示,土地承包法显著提高农户的城市落户意愿,但该落户意愿更多的是潜在的长期意愿,只有 36.5% 的有落户意愿的农户表示近五年内会形成落户行为。

(2) 新土地承包法释放城市落户群体的特征。新土地承包法实施后,有 41.6% 的农户城市落户行为发生了变迁,即从不选择城市落户转变为愿意城市落户。进行回归性分析发现,被土地承包法修改启动的农户群体多是家庭具有子女受教育需求的,人力资本、社会资本较高的,家庭收入较低的年轻的农户家庭群体。

(3)农户土地处置行为。农户土地处置行为分为一级承包权处置行为与二级经营权处置行为,一级行为包含"退回土地"与"保留土地"的二维选择,二级行为在保留土地群体中包含"自耕、流转、闲置"的三维选择。土地承包法修改前,18.2%的农户选择退回土地,81.8%的农户选择保留土地。在保留群体中,51.3%的农户选择自耕、26.8%的农户选择流转、21.9%的农户选择闲置。土地承包法修改后,扩大了一级承包权处置选择集,1.3%的农户选择退回,98.7%的农户选择保留土地。在保留土地群体中,有42.8%的农户选择自耕、51.1%的农户选择流转、6.1%的农户选择闲置。对比分析发现,在新旧土地承包法下,农户土地承包权配置存在显著差异性,保留土地的群体数增加,自耕、闲置比例下降,流转比例上升,说明土地配置得到了进一步的效率提升。

新土地承包法下农户
城市落户与土地处置的
动态匹配研究
Chapter 5

第5章 制度变迁下的匹配变动及匹配效应研究

新土地承包法下农户城市落户与土地处置的动态匹配研究

本章由两方面研究内容构成：一方面，本部分是第三章理论分析的实证检验，利用微观调研数据对承包法修改后，农户行为匹配模式变迁和变迁强度进行量化分析；另一方面，在匹配模式变迁基础上，探讨该种变迁会对城镇化、农业现代化产生何种影响。

5.1 制度变迁下的匹配变动研究

本节关注土地承包法修订前后，农户城市落户与土地处置行为的匹配模式变动情况。由于土地处置分成一级承包权处置与二级经营权处置，因此匹配模式将分成两个维度进行分析。

5.1.1 旧土地承包法下农户匹配模式分布

将农户旧土地承包法情境下的城市落户与土地处置行为进行组合，形成以下的匹配模式分布情况，如表5-1所示。

表5-1 旧土地承包法下农户一级匹配模式分布（N=548）

一级土地处置选择	城市落户选择 落户	不落户
保留	72(13.1%)	376(68.6%)
退回	14(2.6%)	86(15.7%)

落户—保留：原《土地承包法》第二十六条规定"承包期内，全家迁入小城镇落户的，应当按照承包方的意愿，保留其土地承包经营权或者允许依法进行土地承包经营权流转。承包期内，承包方全家迁入设区的市，转为非农业户口的，应当将承包的耕地和草地交回发包方。承包方不交回的，发包方可以收回承包的耕地和草地。"数据

第 5 章 制度变迁下的匹配变动及匹配效应研究

整理发现，有 72 户，占比 13.1% 的农户选择了城市落户同时保留了土地承包经营权。该部分农户均是选择离家较近的小城市落户，因此具有保留土地的权利。

落户—退回：数据统计显示，有 14 户占比 2.6% 的农户处于（落户、退回）的匹配模式，即选择城市落户并退回农村土地承包经营权。从落户的城市来看，有大部分的农户落户到贵州省市级以上城市，如凯里市、福泉市、贵阳市、毕节市等；有部分的农户选择落户到省外，如甘肃兰州市、重庆市、吉林省公主岭市、湖南省长沙市等。已有文献也对该值进行了一定的研究。张冀（2011）在全国性的调查中发现，新生代农民在退回土地的情况下，愿意城市落户的数量仅为 10%。蔡禾和王进（2007）在广东的调查发现，愿意在城市落户并愿意放弃土地的农民工占 25.1%。本书数据略低于已有文献数据的原因主要有两点：第一，已有文献考量落户意愿，而本书直接调研落户行为，一般而言，意愿是假设外部供给充分且未考量交易成本下的主观值，落户意愿值要高于落户行为值。另外，已有文献未区分落户城市，将"如果需要退回土地，您是否愿意城市落户"作为变量获取方式，而忽略了城市规模。本书所得 2.6% 的（落户、退回）样本，均是落户市级以上城市并在制度规定下退回土地的农户情况。

不落户—保留。数据显示，有 376 户占比 68.6% 过半数的农户维持现有生存状态，即处于（不落户、保留）的匹配模式，依然选择农业人口户籍，以土地作为其生计来源。调研中农户表示"年龄大了，不愿意进城生活，农村有土地，熟人都在""城市经济压力太大，买房子，吃喝拉撒都要用钱，农村吃住都在土地上，其他根本用不大太多的钱""农村生活自由，城市人情味不够，空气还差""城市收入虽然高，但是不稳定，而且下一辈没有土地保障"，由此可见，由土地所带来的生活方式、收入稳定性、社交圈子、资产代际传

新土地承包法下农户城市落户与土地处置的动态匹配研究

递的差异是农户维持现状的主要原因。

不落户—退回：数据显示，有86户占比15.7%的农户处于（不落户、退回）匹配模式，即依然是农业人口户籍，但退回土地，进一步而言就是不以土地作为生计来源之一的农业人口。调研中发现，该类群体通常不是自愿主动退出土地，而是被迫退出土地。退出土地的情况主要有两类：一类是公共设施以及地方政府规划要求征用土地，如兴建高铁、铁路、机场、公路，开发旅游景点、建工业园区、建水电站等，农户被迫有偿退出土地。另一类是搬迁，如纳雍县农户因家乡突发洪水灾害导致房屋和土地尽毁，土地不得不有偿退回给村集体，全家搬迁到安顺市，而户籍未选择城市落户，依然是原有农业户籍。

进一步分析，可得到修法前农户城市落户—土地处置行为的匹配特征：

第一，一半以上的农户保持原状，传统农业生存方式已发生改变。刘易斯（1875）、兰尼斯—费景汉（1780）指出，在劳动力要素自由流动的前提下，农业中由于边际收益递减规律，在农业技术不变的情况下，存在大量的剩余劳动力。当城市与农村收入存在差异时，农业剩余劳动力会放弃土地耕种，选择城市生存与就业，最终实现了资源有效配置，也缩小了城乡之间、农业与非农业之间的差距。由此可见，劳动力迁移是经济发展中的必经之路，是促进城镇化、农业现代化发展的关键。

第二，小城市落户—保留土地的生存方式是变动中的主要匹配模式。虽然一半的农户选择了新型生存方式，但土地生活的惯性迫使农户依然视"土地为命根子"。在改变与惯性之间，农户经过理性权衡，大量农户选择了小城市落户的新的城市生活方式，保留土地的传统农业生计方式。该匹配模式也吻合我国发展小城市的政策导向。2000年6月，中共中央、国务院发布《关于促进小城镇健康发展的若干意见》中明确指出"发展小城镇，有利于解决现阶段农村一系列深层次矛盾，优化农业和农村经济结构，增加农民收入；有利于缓解当前国内需求不足和农产品阶段性过剩状况，为整个工业和服务业的长远发展拓展新的市场空间。加快我国城镇化进程，实现城镇化与工业化协调发展，小城镇占有重要的地位。发展小城镇，是实现我国农村现代化的必由之路"，因此，国家多方面建设小城市，如"凡在县级市市区、县人民政府驻地镇及县以下小城镇有合法固定住所、稳定职业或生活来源的农民，均可根据本人意愿转为城镇户口，并在子女入学、参军、就业等方面享受与城镇居民同等待遇，不得实行歧视性政策。对在小城镇落户的农民，各地区、各部门不得收取城镇增容费或其他类似费用。对进镇落户的农民，可根据本人意愿，保留其承包土地的经营权，也允许依法有偿转让"等，以此提高小城市对促进中国传统农业改革的效率。

第三，退回土地的农户依然大多选择农村生活。退回土地群体中有2.6%的选择了城市落户，有15.7%的选择了继续农村生活，可见在剥离土地经济性的情境下，农村熟人社会、低成本的生活方式依然是将农户留在农村的主要因素。

对旧一级匹配的548份样本进行筛选，剔除退回土地样本100份、缺失样本2分，共有448份有效样本进行二级匹配数据分析。数据整理如表5-2所示。

表5-2 旧土地承包法下农户二级匹配模式分布（N=448）

二级土地处置选择		城市落户选择 落户	不落户
保留	自耕	30(6.7%)	200(44.6%)
	流转	22(4.9%)	98(21.9%)
	闲置	16(3.6%)	82(18.3%)

落户—自耕：在448户保留土地的农户中，有30户占比6.7%的农户处于该种匹配模式，即农户选择小城市落户，在保有土地的情况下，选择自己耕种土地。

落户—流转：在448户保留土地的农户中，有22户占比4.9%的农户处于该种匹配模式，即农户选择小城市落户，农村的土地选择流转给其他人耕种经营，获取土地租金。

落户—闲置：在448户保留土地的农户中，有16户占比3.6%的农户处于该种模式，即农户选择小城市落户，保留土地承包权，但土地选择闲置。在调研中发现，土地闲置有两种状态：一种情况是被动闲置，即因为土地偏远或者土地细碎化程度较高，农户有流转意愿，但没有充分的流转需求，难以找到流入方；另一种情况是农户主动闲置，农户小城市落户后，土地无人照看，流转后担心存在归还风险、土地破坏性使用等，所以农户宁愿土地闲置也不流转。

不落户—自耕：在448户保留土地的农户中，有200户占比44.6%的农户选择该种模式，即选择农村生活，并自己耕种土地。这是农户的传统生存方式，也是外界环境改变后，保留在农村的有效劳动力。

不落户—流转：在448户保留土地的农户中，有98户占比21.9%的农户选择该种匹配模式，即选择农村生活，但土地流转给他人耕种，获取流转租金。这类型农户往往是，愿意生活在农村但生产方式已经发生变化，通过土地流转，自己多从事非农业生产活动，如外出打工、发展乡村旅游等。

不落户—闲置：在448户保留土地的农户中，有82户占比18.3%的农户选择该模式，即农户选择农村生活，但土地处于闲置状态。

以上数据基于448份样本进行分析，现将落户与不落户群体的土地经营权处置行为进行结构分析，即看不同群体的土地处置行为所占百分比，以此更清晰地看到结构特征，如图 5-1 所示。

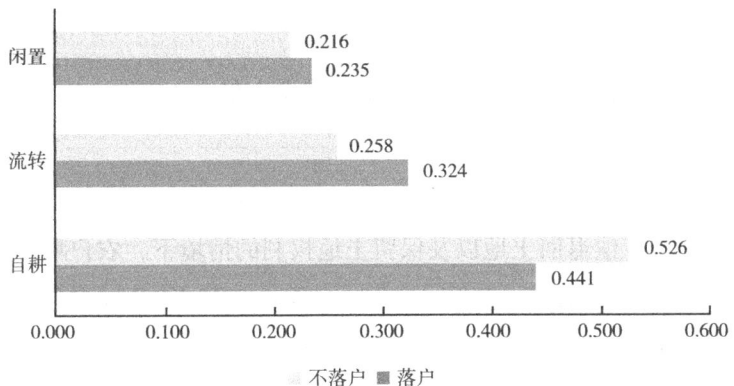

图 5-1 旧土地承包法下二级匹配模式占比

第一，落户群体的土地自耕率低于不落户群体。就理论而言，城市落户群体由于不居住在农村，地理上的隔离会导致自耕成本过高，直接降低自耕率。反之，农业户籍农户就地自耕，其比例应大幅度高于城市落户群体。从数据来看，在城市落户群体中有 44.1% 农户选择自耕，农村落户群体中有 52.6% 的农户选择自耕，城市落户自耕率高农村落户自耕率 8.5 个百分点。该数据结果与最初假设一致。

第二，城市落户群体农地流转率高于农村落户群体。从图 5-1 可见，城市落户群体中有 32.4% 的农户土地处于流转状态，农村落户群体中有 25.8% 的处于流转状态，仅相差 6.6 个百分点，可见城乡落户的差异直接影响了土地流转率。由于城市落户群体大多从事非农生产且城乡距离和时间成本，导致土地无人耕种，其多为流转赚取流转租金。

第三，土地闲置率较高。从图 5-1 可见，城市落户群体中有 23.5% 的土地被闲置，农村落户群体中 21.6% 的土地被闲置，城市落户闲置率比农村落户闲置率高出 1.9 个百分点。土地闲置是土地处置中最后的被动选择,在自耕力量不足、流转对象缺乏的情况下,大量土地闲置给农业经济发展造成了资源的浪费。

5.1.2 新土地承包法下农户匹配模式分布

考量农户在土地承包法修改后,农户无论落户小城市还是大城市,均具有有偿退回土地以及保留土地权利的情境下,农户城市落户与土地处置的行为匹配模式分布。新土地承包法下农户匹配模式数据应同时具备两个条件,即未城市落户以及土地未退回者,也就是旧土地承包法下农户处于(不落户、保留)匹配模式的群体。在全样本548份中,有68.6%的群体处于该匹配模式,共376份。数据整理如表5-3所示。

表5-3 新土地承包法下农户一级匹配模式分布(N=376)

一级土地处置选择 \ 城市落户选择	落户	不落户
保留	161(42.8%)	210(55.9%)
退回	5(1.3%)	0

表5-3显示了新土地承包法下农户落户与土地处置行为的一级匹配模式分布。有161户占比42.8%的农户选择(落户、保留)的匹配模式;有210户占比55.9%的农户选择(不落户、保留)的传统农户生存模式;有5户占比1.3%的农户家庭选择(落户、退回)的匹配模式;没有农户选择(不落户、退回)的匹配模式。对保留土地的群体做进一步的二级匹配模式分布分析,剔除5户退回土地农户数,有效样本为371份,对数据整理如表5-4所示。

由新土地承包法下农户二级匹配模式分布可见,有47户占比12.7%的农户选择(落户、自耕)模式,该模式下农户虽然城市落户,但依

第5章 制度变迁下的匹配变动及匹配效应研究

表5-4 新土地承包法下农户二级匹配模式分布（N=371）

二级土地处置选择		城市落户选择 落户	不落户
保留	自耕	47(12.7%)	108(29.1%)
	流转	93(25.1%)	99(26.6%)
	闲置	24(6.5%)	0

然留有部分家庭成员在农村居住，并自己耕种土地。有93户占比25.1%的农户选择（落户、流转）模式，即农户选择城市落户并流转土地给他人耕种，获取土地租金收益。有24户占比6.5%的农户选择（落户、闲置）模式，即城市落户并闲置保留的土地，该种匹配模式群体通常是地处偏远，土地流转困难的情况。有108户占比29.1%的农户选择（不落户、自耕）模式，该匹配模式下农户从事传统农业耕种方式，居住农村并以土地自耕获取土地经营收益为主要生活来源。有99户占比26.6%的农户选择（不落户、流转）模式，即选择农业户籍但土地流转他人获取租金，自己选择外出打工或者其他方式获取非农收益。新土地承包法下的二级匹配模式分布中，没有农户选择（不落户、闲置）的匹配模式。

5.1.3 制度变迁对匹配分布的影响研究

（1）制度变迁对一级匹配分布的影响。

将新旧土地承包法下农户城市落户与土地承包权处置的一级匹配进行对比，直观地从统计数据中识别匹配变化情况。具体匹配分布变化如表5-5所示。

从表5-5来看，（不落户、保留）（落户、退回）（不落户、退回）三种匹配模式均不同程度的比例下降，而唯有选择（落户、保留）模式的农户比例提升。具体每个匹配模式的变动幅度是：在（落

表 5-5 新土地承包法下农户城市落户与土地处置二级匹配

一级土地处置选择 \ 城市落户选择	落户	不落户
保留	13.1%~42.8%(+29.7%)	68.6%~55.9%(-12.7%)
退回	2.6%~1.3%(-1.3%)	15.7%~0(-15.7%)

户、保留）匹配下，旧土地承包法下有 13.1% 处于该匹配状态，新土地承包法后选择城市落户并保留土地的占比 42.8%。土地承包法修改显著提高了该象限比例，提高了 29.7 个百分点。在（不落户、保留）匹配下，旧土地承包法下有 68.6% 的农户选择保持原有状态，新土地承包法后该比例下降到 55.9%，从数据上看，土地承包法的修改降低了 12.7% 的农户选择该状态，即有 12.7% 的农户从原有传统的农业生存生活方式发生了转变。在（落户、退回）匹配下，旧土地承包法下有 2.6% 的农户处于城市落户并退回了土地，新土地承包法后，该比例下降到 1.3%，下降了 1.3 个百分点，即新土地承包法修改后降低了农户城市落户并退回土地的选择。在（不落户、退回）匹配下，旧土地承包法下，有 15.7% 的农户选择不在城市落户并退回土地，新土地承包法后没有不在城市落户还退回土地的农户，可见土地被迫退回的情况有了极大好转。

表 5-4 只能大体看到各种匹配状态的增减情况，为进一步识别农户具体的变动轨迹，需要将农户匹配状态进行一一对比。在进行匹配模式动态转换分析时，旧土地承包法一级匹配利用全样本 548 份，新土地承包法一级匹配仅保留未城市落户且土地保留的农户群体，样本数是 376 份，因此，在匹配比较中，只能看到匹配模式 2 的变动情况。数据整理后得到图 5-2。

从图 5-2 可见，在 376 户农户中，有 161 户占比 42.8% 由匹配模式 2 转换为匹配模式 1，即从不落户保留土地，转化为城市落户且保留土地的匹配模式。正如第 3 章分析的一样，模式 2 到模式 1 的转

第5章 制度变迁下的匹配变动及匹配效应研究

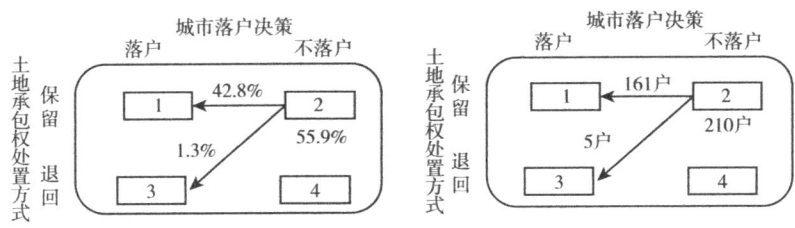

图 5-2 一级匹配变动

变,是农户家庭帕累托最优选择。有 210 户占比 55.9% 的农户依然保持匹配模式 2 没有发生变化,选择传统农业生活、生产方式。有 5 户占比 1.3% 的农户从模式 2 转变为模式 3,即在土地承包法修订后,从不落户保留土地,调整为城市落户并退回土地的匹配模式。这 5 户农户是传统农户的完全转型,不仅选择了城市居住,还主动愿意退回土地,选择新的非农生产方式。由以上的数据分析,可以得到制度变迁对匹配模式产生的变动影响,具有以下几个特征。

第一,制度变迁会导致近一半的农户选择调整传统生活、生产方式。农村土地承包法制度调整,打破了原有农户的行为稳态模式,出现新的利益增长点。理性农户获取信息后,会依据自身条件作出是否调整的决策。从图 5-2 来看,有 55.9% 的农户保持原有稳态,有 44.1% 的农户,接近一半的农户选择调整行为。一方面说明,本轮的制度变迁能有效刺激农户的行为调整,即证明了制度的有效性;另一方面也说明,农户是理性小农,是能基于市场价格条件及时作出调整的"经济人"。

第二,农户的行为调整具有渐进性。行为匹配分两种:一种是彻底性,即两种行为同时改变,如落户换到不落户,保留换到退回;另一种是渐进性,仅改变一种,保留一种不变。依据此分类,从图 5-2 可见,有 42.8% 的农户选择了渐进性匹配调整,仅有 1.3% 的农户选择了彻底性的匹配改变,有 55.9% 的农户选择稳态,不发生匹配调整。由此可见,匹配的变迁大部分以渐进性为主。

(2) 制度变迁对二级匹配分布的影响。

在制度变迁对一级匹配分布影响的分析中,进一步对城市落户与土地经营权处置行为匹配的变动做分析,即形成表5-6。

表5-6　　　　　　　　二级匹配变动

二级土地处置选择		城市落户选择	
		落户	不落户
保留	自耕	6.7%~12.7%(+6%)	44.6%~29.1%(-15.5%)
	流转	4.9%~25.1%(+20.2%)	21.9%~26.6%(+4.7%)
	闲置	3.6%~6.5%(+2.9%)	18.3%~0(-18.3%)

从表5-6可见,土地承包法修改后,(落户、自耕)模式占比从旧土地承包法下的6.7%上升到12.7%,上升了6个百分点;(落户、流转)模式占比从旧土地承包法下的4.9%上升到25.1%,上升了20.2个百分点;(落户、闲置)模式占比从旧土地承包法下的3.6%上升到6.5%,上升了2.9个百分点。由此可见,落户群体的三种土地处置行为都有不同程度的提高,这也是一级匹配(落户、保留)匹配模式上涨的进一步体现。不落户群体的匹配模式变动呈现出又升又降的特征。(不落户、自耕)匹配模式,从旧土地承包法下的44.6%下降到新土地承包法下的29.1%,下降了15.5个百分点;(不落户、流转)匹配模式从21.9%上升到26.6%,上升了4.7个百分点;(不落户、闲置)直接从旧土地承包法下的18.3%减少到0,该值的绝对变动,说明农户有着土地有效利用的强烈动机。从以上的分析,我们可以得出两个二级匹配模式变动的特征:

第一,从纵向—落户与不落户群体来看,匹配模式变动主要是不落户群体减少、落户群体增加引导的土地使用权变动。在落户群体中,变化程度最大的是流转的配置方式增加,其次是自耕模式。值得一提的是,在落户群体中,土地闲置配置模式也增加2.9%,这进一步表明,无论土地配置效率高低如何,农户落户后,拥有土地的意愿都增加。

第5章 制度变迁下的匹配变动及匹配效应研究

第二，从横向—土地经营权配置了方式来看，匹配模式变动主要是流转方式增加。从表5-6可见，无论是落户还是不落户群体，流转比例都发生了不同程度的提升，其中（落户、流转）成了变动幅度最大的匹配模式，而（不落户、流转）也仅比传统（不落户、自耕）模式下降了2.5个百分点。从自耕与闲置配置方式来看，（不落户、闲置）比例下降最大。调研中农户反映，旧土地承包法下该模式的农户是被动选择土地闲置的，新土地承包法下提问农户意愿，农户则表示宁愿将土地免费给他人耕种，也不愿闲置不用。

进一步将匹配状态进行一一对比，识别农户二级匹配的具体变动轨迹。在进行匹配模式动态转换分析时，旧土地承包法二级匹配利用样本448份，新二级匹配是保留了旧土地承包法下未城市落户且土地保留的农户群体，并且在新土地承包法下意愿保留土地的群体，样本数是371份。因此，在匹配比较中，只能看到匹配模式4、模式5、模式6的变动情况。数据整理得到下面的两张变动图，其中，图5-3是以比例呈现的变动图（以旧土地承包法下的某一匹配模式为基础，模式变动户数占旧匹配模式的比例来衡量），图5-4是以变动绝对户数呈现的变动图。

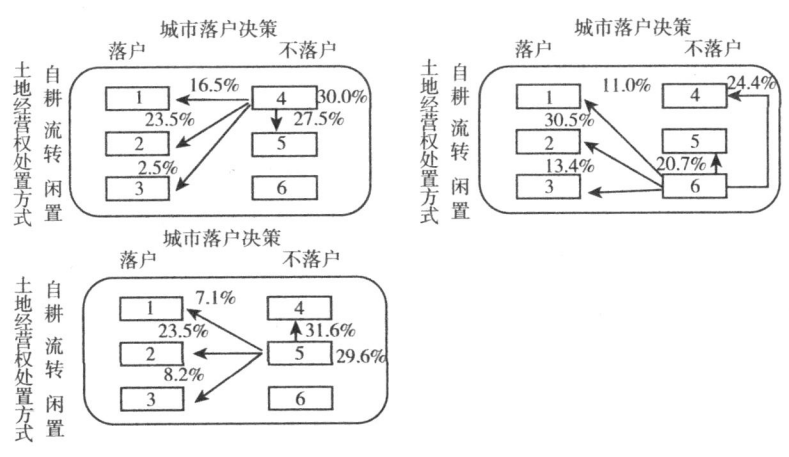

图5-3 二级匹配变动比例

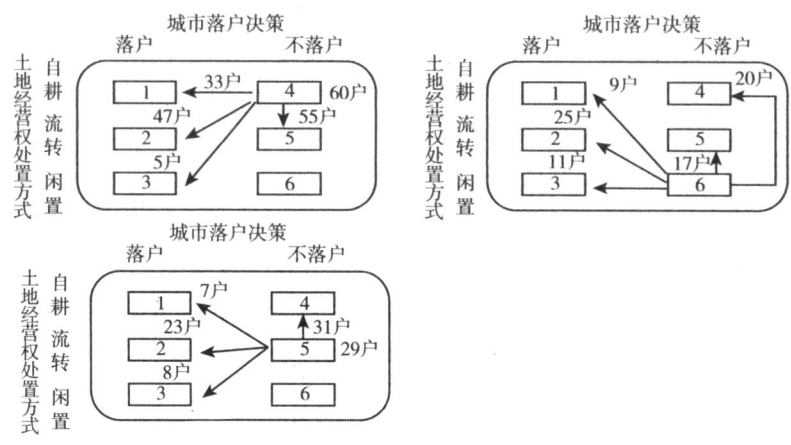

图 5-4 二级匹配变动户数

分别对匹配模式 4、模式 5、模式 6 的变动轨迹进行简单数据分析：①匹配模式 4 的变迁轨迹。旧土地承包法下，（不落户、自耕）匹配模式下共有农户数 200 户，制度调整后，有 60 户占比 30% 的农户数保持原有模式；有 33 户占比 16.5% 的农户转变为（落户、自耕）匹配模式，有 47 户占比 23.5% 的农户转变为（落户、流转）匹配模式；有 5 户占比 2.5% 的农户转变为（落户、闲置）匹配模式，有 55 户占比 27.5% 的农户转变为（不落户、流转）状态。②匹配模式 5 的变迁轨迹。匹配模式 5 是（不落户、流转）的行为匹配，旧土地承包法下，该模式下共有 98 户。制度变迁后，保持模式 5 不变的共有 29 户占比 29.6%，有 31 户占比 31.6% 转变为（不落户、自耕）匹配模式，有 7 户占比 7.1% 转变为（落户、自耕）模式，有 23 户占比 23.5% 转变为（落户、流转）模式，有 8 户占比 8.2% 的转变为（落户、闲置）模式。③匹配模式 6 的变迁轨迹。匹配模式 6 是（不落户、闲置）的行为匹配，旧土地承包法下，该模式下共有 82 户。制度变迁后，该模式全部发生了改变，其中转变为（不落户、流转）模式的共有 17 户占比 20.7%，有 20 户占比 24.4% 转变为

（不落户、自耕）匹配模式，有9户占比11%转变为（落户、自耕）模式，有25户占比30.5%转变为（落户、流转）模式，有11户占比13.4%的转变为（落户、闲置）模式。

在以上分析基础上，可得出二级动态匹配的几点特征：

第一，制度变迁对二级匹配变动较大。土地承包法修订，通过城市落户条件影响了土地的处置方法，从图5-3、图5-4结果来看，大部分农户落户与土地处置的行为匹配发生了变化。在模式4（不落户、自耕）状态下，有60户占比30%的农户未发生改变，在状态5（不落户、流转）模式下，有29户占比29.6%的农户未发生变化，状态6（不落户、闲置）模式全部发生改变。由此可见，制度调整显著影响了农户二级匹配模式的变动。

第二，在模式变动中，除模式6（不落户、闲置）外，模式4、模式5均是有退出户也有进入户。（不落户、闲置）模式从原有82户全部减少为0，说明如果在流转市场充分、落户政策运行低成本下，没有农户会选择该匹配模式。（不落户、自耕）中有140户退出该模式，退出比例为70%，同时也有50户进入该模式。在（不落户、流转）模式中，有69户退出该模式，同期也有72户农户进入该模式。模式4、模式5农户退出比例较大，也进一步检验了，农户是理性小农，在不断的尝试更新的土地配置方式，以期获得更大的家庭收益。

5.2 匹配变动后的实证影响效应

5.2.1 模型设定与说明

本节旨在实证检验匹配变动后对农户行为的影响。农户行为是一类广泛的行为集合，本章的研究聚焦于城镇化、农业现代化直接相关的经济、社会行为。5.1 节分析结果表明，城镇化的三个主要衡量维度分别是人口户籍城镇化、人口就业城镇化以及人口密集城镇化，则与农户行为对应的是城市落户、城市就业与城市地理聚集。农业现代化依据舒尔茨农业现代化理论、国家推动农业现代的方式与途径两个方面，本章认为提高人力资本与促进土地流转形成的规模化土地经营可以在一定程度上表征农业现代化，与之对应的农户行为分别是自我人力资本投资、土地流转率。具体转化过程如表 5-7 所示。

表 5-7　　　　城镇化、农业现代化的指标选定表

对象	理论来源	政策导向	指标转换	农户行为
城镇化	二元经济结构 (Lewis, 1954)	"加快农业转移人口市民化"（《中共中央 国务院关于全面推进乡村振兴加快农业农村现代化的意见》）	户籍人口城镇化	城市落户
	Rains-Feimodel (Ranis, Fei, 1961)	"推动在县域就业的农民工就地市民化"（《中共中央关于制定国民经济和社会发展第十四个五年规划和二〇三五年远景目标的建议》）	就业人口城镇化	城市就业
	聚集理论(Fujita, 2002)		地理密集城镇化	城市聚集
农业现代化	增加新要素 (舒尔茨, 2009)	"强化人才振兴保障措施，培养造就一支懂农业、爱农村、爱农民的'三农'工作队伍，为全面推进乡村振兴、加快农业农村现代化提供有力人才支撑"（《关于加快推进乡村人才振兴的意见》）	人力资本	人力资本投资
	生产要素配置优化（舒尔茨, 2009）	"引导农村土地经营权区有序流转、发展农业适度规模经营"（《关于引导农村土地经营权有序流转发展农业适度规模经营的意见》）	土地规模经营	土地流转

在表 5-7 中，城市落户与土地流转是匹配的主要构成内容，可

直接通过数据统计获得结论；城市就业、人力资本投资需要进一步用计量模型进行检验。本章选取"你选择在城市就业的概率有多大"作为城市就业行为的测度指标。本节检验匹配变动对农户行为的影响，由于行为选用不同的测度方法，变量取值不同，因此本节分别使用 Binary Logit 模型和 Poission 计数模型对城市就业与人力资本投资进行回归。

5.2.2 匹配变动对城镇化的影响

城镇化分为户籍城镇化、就业城镇化与密度城镇化，由于本章的研究是抽样调研，空间分布的密度城镇化难以获取，仅对户籍城镇化与就业城镇化进行量化分析。

（1）匹配变动对户籍城镇化的实证影响。

一级匹配变动是农户城市落户与土地承包权处置的组合分析，其本质就蕴含户籍城镇化的内容。将一级匹配变动进行分析（见图5-5），可以直观地看到匹配变动是否促进了户籍城镇化。

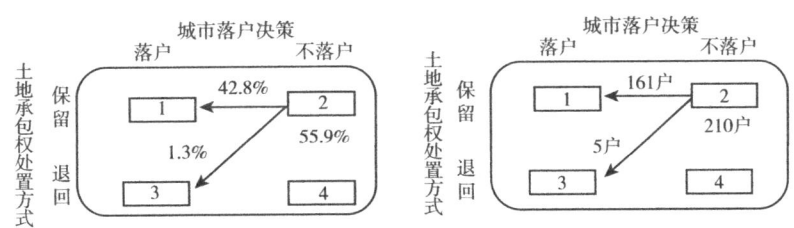

图 5-5 一级匹配变动

从图 5-5 中可见，匹配变动的两种类型是农户从不落户状态变动到落户状态的过程。如左图，匹配 2 状态的农户有 161 户占比 42.8% 的变动到落户状态 1，有 5 户占比 1.3% 的农户变动到落户状态 3，有 210 户占比 55.9% 的农户保持原有匹配状态。简单的图表变化蕴含了现实中匹配变动的本质，农户从"不选择城市落户"状态改变为"城市落户"状态，直接促进了户籍城镇化。

匹配变动到底能多大程度促进户籍城镇化呢？该命题可以直接转化为"新土地承包法能在多大程度上提高农户的城市落户率"。将土地承包法前后的城市落户率进行直接对比，可获得其估值，结果见图5-6。

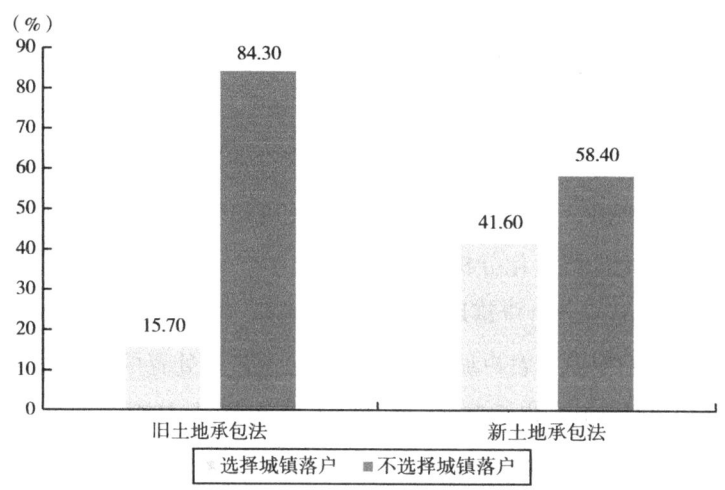

图 5-6 农户城市落户决策对比

新土地承包法后，农户城市落户选择从15.7%提升到41.6%，提升了25.9个百分点。可见户籍城镇化能得到直接的提升。

综上所述，土地承包法的修改能有效提高城市落户率，新土地承包法导致的匹配变动能有效促进我国户籍城镇化。

(2) 匹配变动对就业城镇化的实证影响。

城镇化的本质是非农就业的聚集，单纯户籍城镇化的衡量中存在"户籍在农村，却在城市非农就业"以及"户籍在城市，却在农村从事农业活动"两种情况，择一而想，新土地承包法后，农户选择落户城市，由于宅基地与土地不必要归还，农户可以依然延续农村生

第5章 制度变迁下的匹配变动及匹配效应研究

活、农村农业生产的传统生产方式,这样形成的户籍城镇化依然是一种"伪城镇化",起不到产业聚集、要素重新配置推动的城镇化发展。因此,有必要从就业途径分析匹配变动对就业城镇化的影响。

匹配变动对就业城镇化的作用机制分析。匹配变动对就业城镇化影响的作用机制如图5-7所示。

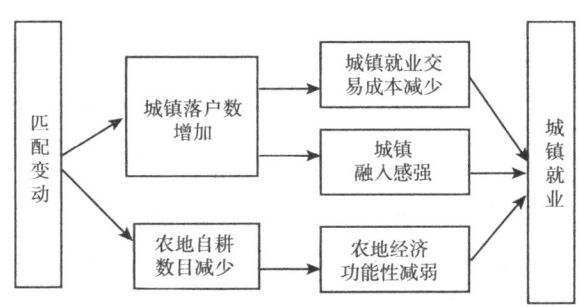

图5-7 匹配变动对就业城镇化影响机制

匹配的变动主要体现在农户城市落户数量增加,以及土地自耕数目减少两部分。城市落户数增加表明,落户农户获取了城市的户籍身份,从身份认可的角度而言,法律上已经获得了城市人的身份。随着身份的转变,也相应获取城市人的权利,尤其体现在教育、医疗等公共设施上逐步实现了权利的转变。身份与权利的转变会增加落户农户的自我身份认同,能更好、更迅速地融入城市。随着城市身份的认同,与身份匹配的就业也就随之而来,在外部就业条件充分的情况下,落户农户就更具有城市就业的可能性。另外,城市落户数增加,在空间地理上,部分农户可能因为子女教育、城市医疗、城市生活方式等,选择了城市居住。城市居住必然带来社交圈的城镇化,随着认识的城市人增加,所获取的城市就业信息增加,城市就业概率提高。此外,理性农户会在就业收益与就业成本之间进行权衡,当交通费作为就业的成本时,就近城市就业是落户农户最优选择。因此,无论从社会资本还是就业成本而言,城市落户数增加会导致城市就业率提高。匹配变动中农户土地自耕数减少,体现了土地经济型功能减弱。在土地多功能性中,经济功能主要体现在土地的经营耕种上,而非经济功能体现在土地的社会保障和身份象征上。随着土地经济功能衰弱,农户会寻找经济收益更大的非农就业机会,进而提高了城市就业概率。综上所述,本研究认为匹配变动会促进就业城镇化。

变量选择。①因变量-城市就业概率:本研究的城市就业概率指农户家庭在城市从事非农就业的概率。值得一提的是,对象是农户家庭而不是农户个体,是家庭劳动力成员在城市就业的平均概率。该指标是1到5的序数值,1代表城镇就业概率为0,即农户家庭肯定在农村就业,5代表城市就业概率为100%,即农户家庭肯定在城市就业。其他数值根据调研对象的作答进行评估填写,分别对应有城市就业的可能,但很小(2);城市就业与农村就业的可能性一样(3);有城市就业的可能,且很大(4)。②自变量-匹配变动:因变量为农户的城市落户与土地处置匹配的变动,变量为二维值(0、1)。若新土地承包法后农户的匹配发生改变,则为1;若新土地承包法后农户的落户与土地处置行为并未发生改变,保持原有状态,即稳态状态,则为0。由于土地处置分为承包权处置与经营权处置,因而匹配变动自变量有 Y_1、Y_2 两个,分别代表承包权与落户形成的一级匹配变动,经营权与落户形成的二级匹配变动。变量的描述性统计如表5-8所示。

表5-8　　　　　　就业城镇化的描述性统计

变量类型	变量名称	观测值	均值	标准差	最小值	最大值
因变量	employment	542	3.18	1.412	1	5
自变量	matching1	376	0.54	0.499	0	1
	matching2	371	0.74	0.442	0	1

模型选定。由于测度城市就业变量为序次变量,根据因变量的属性,本节将使用有序 Logit 模型(Ordered Logit Model)进行回归分

析。常见的序次离散选择模型主要有有序(定序、累积)Logit 模型、广义有序 Logit 模型、随机参数 Logit 模型、零膨胀有序 Logit 模型。同样的,序次离散选择模型的本质也是二分类 Logit/Probit(模型的一种拓展形式,且与无序离散选择模型类似:若随机扰动项服从 Logistic 回归分布,则为 Logit 模型;若随机扰动项服从正态分布,则为 Probit 模型。之所以使用 Logit 模型而非 Probit 模型,主要是出于对模型估计出的系数解读需要。使用两种模型进行回归分析并无本质差异,Logit 模型和 Probit 模型的差异仅在于对误差项分布的假设。但是,相较于 Probit 模型,Logit 模型可以用优势比(odds ratio)和边际效应进行解释,而 Probit 模型由于其概率形式无法通过优势比进行表达,故而只能通过边际效应进行解释。有序 Logit 模型可以采用如下所示的潜变量法进行推导。假设 y_i^* 为一个连续的潜变量(Latent Variable),该潜变量是其他变量的线性函数表达式:

$$y_i^* = X_i'\beta + \varepsilon_i (i = 1, 2, \cdots, n) \tag{5-1}$$

其中 X_i' 为个体 i 的一系列特征变量或控制变量。基于此,根据有序因变量的取值个数(K),可以通过一个分段函数构建起潜变量 y_i^* 和因变量 y_i 的关系,具体表示如下:

$$y_i = \begin{cases} 1 & y_i^* \leq \gamma_1 \\ 2 & \gamma_1 < y_i^* \leq \gamma_2 \\ \cdots & , \gamma_1 \leq \gamma_2 \leq \gamma_k \leq \gamma_K \\ k & \gamma_{k-1} < y_i^* \leq \gamma_k \\ K & y_i^* > \gamma_K \end{cases} \tag{5-2}$$

其中,1、2、k、K 为因变量的取值,大小从低到高依次排序,取值大小没有实际意义,K 为因变量取值的最大值,γ_1 到 γ_K 为待估参数,在模型中即为截距项。基于潜变量和分段函数表达式,可以进一步推导出有序概率模型概率:

$$P(y_i = 1 \mid X) = P(y_i^* < \gamma_1) = P(X_i'\beta + \varepsilon_i < \gamma_1) = P(\varepsilon_i < \gamma_1 - X_i'\beta) \tag{5-3}$$

$$P(y_i = k \mid X) = P(\gamma_{k-1} < y_i^* < \gamma_k) = P(\gamma_{k-1} < X_i'\beta + \varepsilon_i < \gamma_k)$$
$$= P(\gamma_{k-1} - X_i'\beta < \varepsilon_i < \gamma_k - X_i'\beta) \tag{5-4}$$

$$P(y_i = K \mid X) = P(y_i^* > \gamma_K) = P(X_i'\beta + \varepsilon_i > \gamma_K) = P(\varepsilon_i > \gamma_K - X_i'\beta)$$
$$= 1 - P(\varepsilon_i \leq \gamma_K - X_i'\beta) \tag{5-5}$$

其中，ε_i 服从 Logistic 分布，对此进行建模即为 Logit 模型。需要说明的是，由于共用一组估计参数，X 对 $y_i = k$ 的概率的影响是常数，被称为平行趋势假设，是有序概率模型重要的假设之一。

模型结果分析。运用 SPSS 软件进行有序 Logit 分析。首先，进行连接函数选择。连接函数共有 Logit、Probit、补充 Log - log、负 Log - log、Cauchit 五种，对因变量城市就业概率进行分布，如表 5 - 9 所示。

表 5 - 9　　　　　　　　　城市就业概率分布

变量	变量取值	意义	频数	百分比
城市就业概率	Employment = 1	不会城市就业	93	17.2
	Employment = 2	有可能城市就业，但可能性较小	89	16.4
	Employment = 3	城市就业与农村就业可能性相差不大	121	22.3
	Employment = 4	有可能城市就业，且可能性较大	107	19.7
	Employment = 5	肯定会城市就业	132	24.4

从表 5 - 9 可见，因变量各选项分布较为均匀，不会城市就业的农户数占比为 17.2%，较小可能城市就业数占比为 16.4%，城市就业可能性较大的占比为 22.3%，肯定会在城市就业的占比为 24.4%。由于该分布并不是典型的正态分布结构，因此选择 Logit 的函数连接方式。其次，进行平行性检验。平行性检验是有序 Logit 计量的前提，检验连接函数选择正确与否、系数是否随着分割点发生变化的关键环节。平行性检验结果如表 5 - 10 所示。

第 5 章 制度变迁下的匹配变动及匹配效应研究

表 5-10　　　　　　　　　平行性检验

模型	-2 对数拟然值	卡方	df	显著性
零假设	64.623			
广义	53.196	11.427	6	0.076

从平行性结果可见，对数拟然值为 64.623，P = 0.076 > 0.05，即接受原假设，模型通过平行性检验，可做下一步分析。最后，回归结果分析。有序 Logit 的实证结果如表 5-11 所示。

表 5-11　　　匹配变动对就业城镇化影响的回归结果

	估计	标准差	wald	显著性
Employment = 1	-1.947	0.193	93.206	0.000
Employment = 2	-1.019	0.164	32.48	0.000
Employment = 3	0.001	0.155	0.297	0.998
Employment = 4	0.857	0.165	32.559	0.000
matching1 = 0				
matching1 = 1	0.460	0.235	3.835	0.050
Matching2 = 0				
Matching2 = 1	-0.544	0.268	4.134	0.042
N				
Pearsonλ^2	11.045	显著性		0.087
Cox and Snell	0.016			

从回归分析结果可见，在拟合优度检验中，Pearson 检验结果 λ^2 = 11.045，P = 0.087 > 0.05，说明模型拟合好。Cox and Snell = 0.016，即自变量仅能解释 1.6% 的城市就业选择。在一级匹配变动中，显著性为 0.050，表明在 10% 的置信区间内，一级匹配变动显著影响城镇化就业概率。以匹配未发生变化为对照组，一级匹配变动会有效促进农户城镇化就业。估计系数为 0.460，说明一级匹配变动群体的城市就业率是没有发生匹配变动群体的 1.58 倍 [exp(0.460)]。在二级匹配变动中，显著性为 0.042，表明在 10% 的置信区间内，二级匹配变动显

著影响城市就业率。估计系数为 -0.544，说明二级匹配变动群体的城市就业率是没有发生匹配变动群体的0.580倍 [exp(-0.544)]。

综上所述，匹配变动能显著影响农户的城市就业概率。其中，一级匹配变动能显著促进农户城镇化就业，而二级匹配中，变动组相比较不变动组而言，城市就业的概率更低。因此，可以得出，一级匹配能显著促进我国就业城镇化。

5.2.3 匹配变动对农业现代化的影响

农业现代化是对传统农业的改造，是增加生产要素并调整要素配置的过程。依据舒尔茨《改造传统农业》中的农业现代化途径，可以提炼为农户人力资本的投资。依据国家"三化同步"的政策导向，促进土地流转，实现规模经济。因此，可将土地流转作为农业现代化的影响途径。

（1）匹配变动对农业现代化中要素配置效率的实证影响。

古典经济学认为，生产要素之间具有替代关系，在要素价格不同、要素投入产出不同时，可通过要素的配比结构实现配置效率最大化，而此过程就是通过调整要素匹配实现农业现代化的过程。在要素种类固定不变的情况下，最佳要素匹配是一个稳态均衡值，只有在增加新生产要素时，该均衡值才有可能改变。假定，农业生产要素有劳动力（L）、土地（T）、资本（K）、企业家才能（C），其价格分别是工资（Pl）、地租（Pt）、利息（Pk）、利润（Pc）。只有实现 $\frac{L}{Pl} = \frac{T}{Pt} = \frac{K}{Pk} = \frac{C}{Pc}$ 时才是要素配置最优组合。规模化经营是通过改变土地面积提高要素配置效率的有效途径之一。一方面不仅使要素与价格之间的比例逐渐靠拢；另一方面，土地规模经营还能实现规模经济，提高产出率。因此，本小节用土地流转来表征农业现代化中的要素配置。

二级匹配是农户城市落户与土地经营权处置的组合分析，其本质也蕴含着土地流转的内容，可直接通过二级匹配变化进行分析，如图5-8所示。

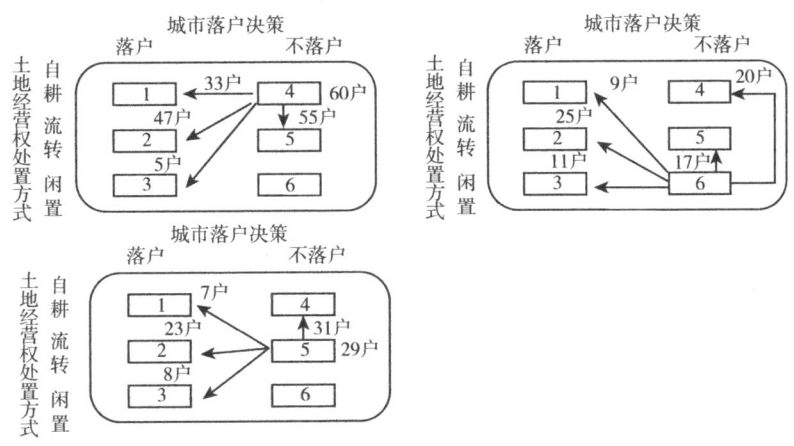

图5-8 二级匹配变动

从二级匹配变动图来看土地流转比例的变动情况，在第4种匹配模式中，新土地承包法制度变迁下，有47户从自耕状态转变为流转状态；在第5种匹配模式中，有46户改变了流转状态，其中38户转变为自耕，8户转变为闲置；在第6种匹配模式中，有25户农户从闲置土地转化为流转土地。综合来看，制度变迁提高了土地流转的处置比例。此外，该命题也可以转变为"新土地承包法是否促进了土地流转"的问题，因此可以对新旧土地承包法下农户土地流转率进行直接对比分析。

从新旧土地承包法下土地经营权处置的对比图来看，新土地承包法下自耕比例从51.3%下降到41.8%，减少9.5个百分点；流转比例从旧土地承包法下26.8%上升到51.7%，上升了24.9个百分点；闲置比例从21.9%下降到6.5%，下降了15.4个百分点（见图5-9）。

其中,土地流转是土地经营权变动最大的部分,土地流转的增加来自自耕与闲置的减少。由此可见,土地承包法的修改能有效提高土地流转率。但是值得注意的有以下两点:第一,土地流转意愿与土地流转行为。本章新土地承包法下的土地流转,不是实际的土地流转行为,而是土地流转意愿,因此该结论只能说明,土地承包法的修改能促进农户土地流转意愿的增加,但是否能形成行为,还取决于是否存在与之匹配的土地流转需求,即外部流转需求的充分性。第二,土地流转与规模经营。假定土地流转形成实际行为,也必须是规模性流转才能形成农业现代化的土地基础。但现实中,农户之间小规模的流转非常多,且多是为了防止土地闲置而进行的免费的土地流转。因此,从土地流转提升到促进农业现代化中间还需要两个根本的环节。

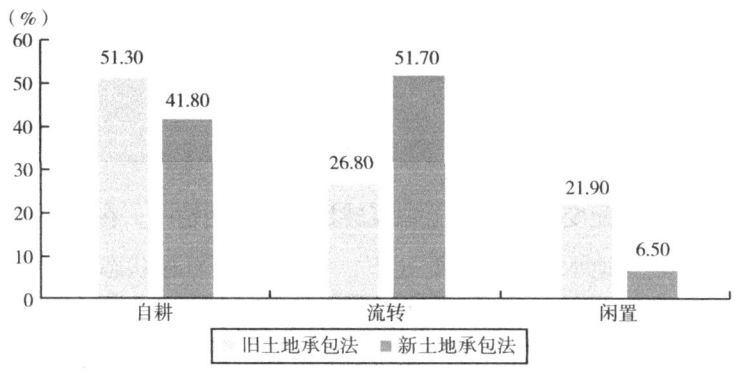

图 5-9 农户土地处置对比

综上所述,二级匹配变动能有效提高农户土地流转主观意愿,为农业现代化的规模经营提供了土地供给。但要真正实现农业现代化,还需要能进行规模流转且能够整合农业生产要素的经营主体。

(2)匹配变动对农业现代化中新生产要素的实证影响。

新生产要素是推动农业现代化的关键。新生产要素是有别于传统农业生产要素的,具有边际报酬递增特征的生产要素。典型的新生产要素有技术、数据网络、人力资本等。不同于技术、网络这些新生产要素，人力资本投资是短期内最容易获取的生产要素，也是对外界供给条件要求最低的生产要素。因此，本章用人力资本投资作为新生产要素变量，检验"新土地承包法所引起的匹配变化是否能促进农户人力资本的提高"。

匹配变动对人力资本投资的作用机制分析。匹配变动对就业城镇化影响的作用机制如图5-10所示。

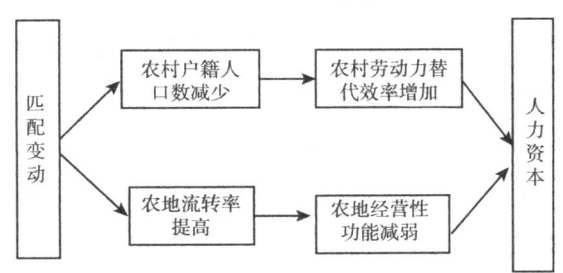

图5-10 匹配变动对农业现代化的影响机制

在对农业现代化人力资本投资的影响机制中，匹配变动主要体现在农村户籍人口减少以及土地流转率提高两个方面。一方面，农村户籍人口减少，相对农业生产的土地要素增加，则农村劳动力的边际收益提高。在边际收益提高的前提下，农户是没有动力进行人力资本投资的。另一方面，土地流转率提高，自耕数量减少，意味着在土地多元性中，农户更加看重土地的资产功能与身份功能，土地租金与村民身份与农户的人力资本并无直接关系，因此，农户并无人力资本投资的动力。综上所述，本章的研究认为，匹配变动并不会改变农户人力资本的提升。

变量选择。①因变量——农户人力资本投资。依据舒尔茨的人力资本理论，成年后培训是提高人力资本的有效途径。我国在乡村振兴中，农业人口培训被当成是乡村振兴中的一个环节，国家政府实施了"雨露计划""阳光计划"等。舒尔茨认为提高人力资本的培训，是主动与切身技能相关的。鉴于此,本章的研究选取"你是否会花钱去学习技能培训"作为人力资本投资测度指标。花钱是培训成本,农户愿意付出成本说明具有培训主动性。数据整理发现,愿意自己花钱学习技能的占比65.9%,不愿意花钱培训的占比34.1%。②自变量——匹配变动:与前面一致,分为一级匹配变动与二级匹配变动,每个匹配变动均是二分值(0、1)。

模型选定。农户人力资本投资变量为"是、否"的二维变量,依据变量属性,同时进行稳健性检验,本节同时选用 Logit 模型与 Probit 模型。模型公式如下:

$$\text{Logit}(p) = \ln(p/1-p) = \alpha + \beta_1 x_1 + \beta_2 x_2 + \varepsilon \quad (5-6)$$

其中,p 为农户自我人力资本投资的概率,当 $p_1=0$ 时,农户无自我人力资本投资意愿,当 $p_1=1$ 时,农户有自我人力资本投资意愿,$p/1-p$ 为农户投资与不投资的概率比。α 为常数项,β 为相关变量系数,x_1 为一级匹配变动,x_2 为二级匹配变动,ε 为误差。

模型结果分析。运用 SPSS 软件进行二元 Logit 分析与 Probit 分析,计量结果如表 5-12 所示。

表 5-12　　匹配变动对农业现代化的影响的回归结果

	logit（1）		logit（2）		probit（3）		probit（4）	
	coef	Std. err	coef	Std. err	coef	Std. err	coef	Std. err
matching1	0.273	0.209	0.251	0.275	0.167		0.154	0.169
matching2			-0.079	0.308			-0.048	0.190
-cons			0.573**	0.224	0.355***		0.357**	0.138
N	417		327		417		327	
adj. R-sq	0.03		0.002		0.003		0.002	
Porb>chi2	0.191		0.638		0.191		0.638	

从表 5-12 可见,无论一级匹配变动和二级匹配变动都不显著影响人力资本投资。该结论与机制分析中的假设一致,即土地承包法修改后,虽然导致了农户城市落户与土地处置行为匹配的改变,但是并

第5章 制度变迁下的匹配变动及匹配效应研究

没有对农户人力资本投资产生直接影响。

综上所述,匹配变动对农业现代化的影响不大。匹配变动并不能直接促进农户人力资本投资,难以在农户群体类自发形成新的生产要素。匹配变动对生产要素配置的影响中,能通过促进土地流转为生产要素优化配置提供要素供给,但并不能直接优化要素配置。

5.3 小　　结

本章是实证部分,利用微观调研数据,识别土地承包法修改对农户城市落户与土地处置行为匹配的影响,并从城镇化与农业现代化两个方面检验匹配变动对其的影响,主要研究结论如下。

(1) 新旧土地承包法下的匹配模式分布。

对调研数据进行整理分析,得到以下新旧土地承包法下的农户行为匹配模式分布,如图 5-11 和图 5-12 所示。

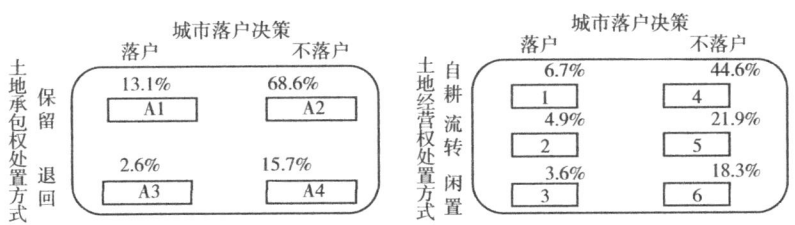

图 5-11　旧土地承包法下农户行为匹配模式分布

从旧土地承包法下一级匹配模式分布图可见,仅有 68.6% 的农户选择传统的农业生产生活方式,在传统农业方式改变中,小城市落户并保留土地是农户主要的选择模式。从二级匹配模式分布图中可见,(不落户、自耕)(不落户、流转)(不落户、闲置)是农户主要的二级匹配模式,从比例分布来看,无论是否城市落户,土地处置

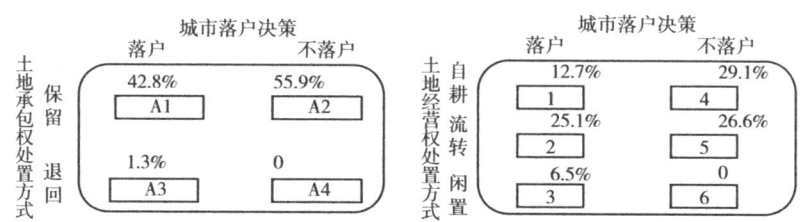

图 5-12 新土地承包法下农户行为匹配模式分布

的方式都遵循着"自耕、流转、闲置"的先后顺序。

从新土地承包法下一级匹配模式分布图中,有44.1%的农户有意愿改变原有传统农业生活方式,其中城市落户且保留土地依然是变动农户中选择最多的行为匹配模式。在二级匹配模式分布图中,(不落户、自耕)(不落户、闲置)(落户、流转)是农户主要的二级匹配模式。从分布比例来看,在落户群体中,土地处置比例从大到小的方式是"流转、自耕、闲置";在不落户群体中,顺序是"自耕、流转"。

(2) 制度变迁对匹配模式的变动影响。

对数据进一步分析,得到制度变迁对匹配模式变动的影响,如图5-13和图5-14所示。

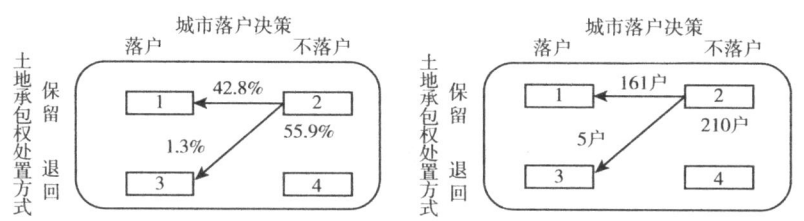

图 5-13 制度变迁下的一级匹配模式变动

从匹配模式变动图来看,一级匹配是(不落户、保留)模式部分向(落户、保留)(落户、退回)模式变动,变动比例分别是42.8%和1.3%。

第5章 制度变迁下的匹配变动及匹配效应研究

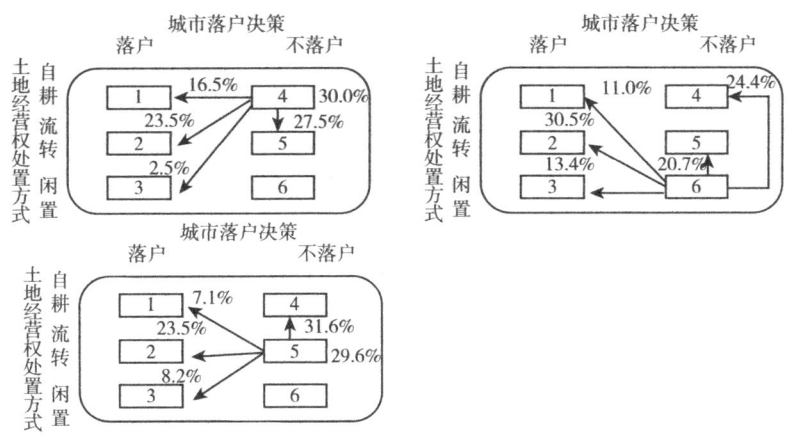

图 5-14 制度变迁下的二级匹配模式变动

从匹配模式变动图来看，二级匹配存在三种变动方式：第一种是（不落户、自耕）模式部分向（落户、自耕）（落户、流转）（落户、闲置）（不落户、流转）模式变动，变动比例分别是 16.5%、23.5%、2.5% 和 27.5%。第二种是（不落户、闲置）模式全部向（落户、自耕）（落户、流转）（落户、闲置）（不落户、自耕）（不落户、流转）模式变动，变动比例分别是 11%、30.5%、13.4%、24.7% 和 24.4%。最后一种是（不落户、流转）模式部分向（落户、自耕）（落户、流转）（落户、闲置）（不落户、自耕）模式变动，变动比例分别是 7.1%、23.5%、8.2%、31.6%。

（3）匹配变动对我国城镇化的影响。

依据城镇化理论，本章关注匹配变动对户籍城镇化以及就业城镇化的影响。在户籍城镇化中，匹配变动的过程就是农户从不落户到落户的过程，因此，匹配变动能直接促进户籍城镇化。在就业城镇化中，通过有序 Logit 模型得出一级匹配模式变动能显著促进农户就业城镇化。

（4）匹配变动对我国农业现代化的影响。

依据舒尔茨改造传统农业的理论，本章用生产要素配置优化、新

新土地承包法下农户城市落户与土地处置的动态匹配研究

生产要素引入两个指标衡量现代农业,其中生产要素优化具体用土地流转、人力资本两个指标表征。实证结果表明,匹配变动对农业现代化的影响不大,虽在一定程度上促进土地流转,为要素优化配置提供土地供给,但不能直接促进人力资本投资,难以在农户内部自发形成新生产要素。

新土地承包法下农户
城市落户与土地处置的
动态匹配研究
Chapter 6

第6章 匹配变动视角下促进有序城镇化、乡村振兴的对策建议

本章由两方面研究内容构成：一方面，分析新土地承包法带来的匹配变动对农村与城市的社会治理带来的挑战；另一方面，匹配变动对农业现代化、城镇化的影响，以及面临对农村与城市的挑战，提出促进乡村振兴、有序城镇化的对策建议。本章主要写作思路如图6-1所示。

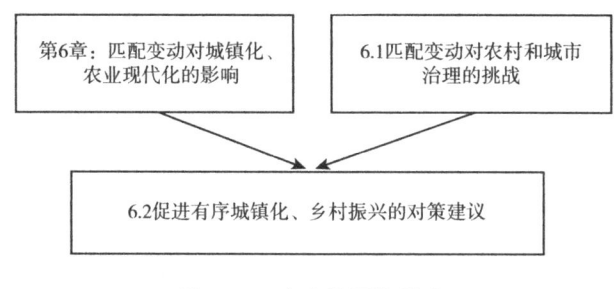

图6-1　本章的写作思路

6.1　匹配变动对农村和城市带来的挑战

制度形成的匹配变动，一方面为我国城镇化与农业现代化作出不同程度的贡献；另一方面，我们也必须看到，制度带来的突变型的人口流动以及土地处置方式的改变，会对农村以及城市的治理带来较大的挑战与冲击。只有预判会产生什么挑战与冲击，并作出应对措施，才能充分发挥制度红利，提高农村土地承包法制度改革的绩效。

6.1.1　对乡村治理带来的挑战与冲击

新土地承包法实施导致的农户行为匹配改变，给乡村治理带来了新的挑战，主要体现在以下几个方面。

第一，农村人口减少，给乡村的经济、社会发展带来挑战。本书

第6章 匹配变动视角下促进有序城镇化、乡村振兴的对策建议

第4章表明，新土地承包法实施后，有41.6%的农户家庭表示愿意城市落户，该数据远远高于旧土地承包法下的15.7%。被制度释放的农户多是青年、中年家庭，具有社会资本与人力资本高的特点，该类群体的高创新性、强变通性也正是国家培育的职业农民和乡村振兴精英人物所需的特性。因此，该类群体从农村迁移到城市，是城市人才的"增添"，同时也是农村人才的"漏出"，这为乡村人才储备提出了较大挑战。人才作为第一发展动力，人才转移必然会给乡村发展带来众多挑战。首先，农村人才转移为乡村产业发展带来挑战。乡村人才是产业发展的核心，也是产业升级的根本。国家大量政策文件指出，本土产业需要本土人才来完成，而产业升级需要本土人才与升级从产业对接。农业农村部2019年下发的《2019年乡村产业工作要点》中也指出，"实施农村创新创业百县千乡万名带头人培育行动，加大各方资源支持本地农民兴业创业力度，鼓励农民就地就近创业，引导农民工在青壮年时返乡创业""支持田秀才、土专家、乡创客创办特色种养、加工流通、休闲旅游、电子商务、农商直供、中央厨房等新业态，培育发展网络化、智能化、精细化现代乡村产业新模式……""支持龙头企业牵头，与农民合作社、家庭农场、广大农民分工合作，组建要素优化配置、生产专业分工、收益共同分享的农业产业化联合体"。2020年下发的《全国乡村产业发展规划（2020~2025年）》中也明确指出，"培育一批充满激情的农村创新产业优秀带头人，引领乡村新兴产业发展""培育一批田秀才、土专家、乡创客等乡土人才，以及乡村工匠、文化能手、手工艺人等能工巧匠，领办家庭农场、农民合作社等，创办家庭工场、手工作坊、乡村车间等"。由此可见，农村人才的流失为农村发展本土新业态产业、龙头企业与农村人才对接等带来了挑战。其次，农村人才转移为乡村干部的发展带来挑战。乡村干部是乡村发展的关键，在"乡村政治"的基层行政体制下，乡村干部掌握了农村集体正式权力资源，是连接国家与农

村集体的关键节点（仝志辉、何雪峰，2002）。中共中央、国务院发布的《乡村振兴战略规划（2018~2022年）》中第二十五章提出加强农村基层党组织的建设，"实施村党组织带头人整体优化提升行动""通过多渠道，每个村储备一定数量的村级后备干部"。但随着农村人才流失，乡村干部的后备力量也发生了改变。虽然国家提出，开展"院校定向培养、县乡统筹招聘""贫困村、软弱涣散村和村集体经济薄弱村组织派出第一书记"等干部补给政策，但村干部是最了解乡土文化、熟人社会的人，其影响力不仅在于正式制度的权威，更是来自非正式制度的个人魅力、知根知底的乡情文化。因此，农村人才流失为乡村干部的储备、乡村干部的培育提出了新的挑战。最后，农村人才转移为农村整体人力资本的提高带来了挑战。新土地承包法实施导致农村高人力资本群体转移，该群体同时还具备"家庭具有教育需求"的特征。新迁移理论同样也表明，劳动力的迁移不仅与两地之间的收入差相关，还与两地之间的社会性福利，尤其是教育、医疗水平差相关，劳动力迁移的方向也多是从低教育水平地区流动到高教育水平地区。由此可见，高人力资本家庭的流失不是一代人的转移，而是几代高人力资本家庭的转移。因此可能带来的挑战是，如何提升现有农村的人力资本素质，在我国已经完成全面脱贫任务的当今，如何缓解由于人力资本转移所带来的城乡贫富差距的问题。

第二，土地流转供给市场增加，给乡村产业发展、土地市场建设带来契机。第5章匹配变动图表明，农户在城市落户行为变动时，土地处置行为也发生了显著的改变，即闲置、自耕的比例减少，土地流转的比例增加了。从数据上来看，土地流转从旧土地承包法下的26.8%上升到新土地承包法下的51.7%，这在一定程度上倒逼乡村产业化发展，以及迫切需要土地市场化建设的完善。一方面，高土地流转供给需要匹配相应的产业发展。旧土地承包法下的高土地闲置率，部分是担心土地流转后无法原样收回，部分是有流出意愿而没有

第6章 匹配变动视角下促进有序城镇化、乡村振兴的对策建议

寻找到匹配的流入方。新土地承包法下，释放出更多的土地流转供给方。在大量农户退出农村生活、生产环节，转而落户城市的背景下，要通过土地流转提高土地配置效率，就需要大力发展农村乡村产业，利用土地规模发展规模经济。结合《乡村振兴战略规划（2018～2022年）》"开展土地平整、土壤改良、田间道路、农田防护以及其他工程建设，大规模改造中低产田。建设国家耕地质量调查监测网络，推进耕地质量大数据应用""西南地区壮大区域特色产业""做大做强优势特色产业……形成特色农业产业聚集，实施产业兴村强县行动，培育农业产业强镇，打造一乡一业、一村一品的发展格局"的政策导向，以存在大量土地流转供给为契机，大力打造乡村特色、规模产业。另一方面，高土地流转供给需要更完善的土地流转市场。我国传统土地流转方式是熟人之间的流转，通过口头契约签订。该种流转方式在熟人社会是高效的，不仅降低流转交易成本，还保障了流转契约的自我履约。但是随着农业现代化的发展、乡村振兴的实施，小规模的土地流转已经不能满足农村的现实需要，土地流转规模增大，因此需要建立起完善的土地流转市场。完善的土地流转市场能将原本人格化交易的熟人间流转，转变为非人格化交易的市场化流转，受众面的扩大、信息的共享，能有效减少土地流转的交易成本。此外，完善的土地流转市场也能减少土地流转中农户的利益受损。已有文献表明，在发展中国家，政府运用行政手段干预的土地流转，都会不同程度地损害农户的利益（Jonathan，2006），其主要原因是发展中国家大规模土地流转时通常不会考虑农民的利益（Kristian，2013），此外，土地合同不规范（Dudeyu，2013）、我国土地产权虚置（洪名勇，2015）、市场机制不健全（李伟，2014）、法律机制不健全（史卫民，2012）都是流转中农户利益受损的原因。洪名勇（2019）也通过蚌埠某有限公司与村集体流转4670户的案例展现了土地流转中的农户损害问题。因此，在新土地承包法释放出大量土地转出需求的

情况下，无论是传统的熟人社会方式下的流转，还是村集体干预下的集体流转都难以实现土地配置效率的最大化，如何建立好完善的土地流转市场，是匹配变动给乡村带来的一个挑战与契机。

第三，土地的多元化处置，给乡村土地管理带来了新的挑战。土地多元化处置分别在利益分配以及土地综合整治上带来了新的挑战。在利益分配中，体现在新土地承包法带来的"多元性身份"导致的分配问题。刘玉照（2017）指出，快速城镇化进程中的人口流动，打破了传统乡土社会的封闭性，带来了"全民"与"集体"、"本地"与"外来"、"历史"与"现存"等不同的身份类型。这种身份的多元化给村集体进行利益分配造成了很大的复杂性（李强，2021）。而新土地承包法下的制度实施，将会带来比此更加复杂的土地利益分配关系。例如，在（落户、保留）匹配模式下，存在村集体的利益分配是以"户籍"为单位，还是以"土地产权者"为单位的问题。此外，与土地相关的补贴利益的发放，也需要形成新的分配格局，如土地承包权所带来的农业补贴的分配。此外"人—地"分离的匹配模式会提高乡村土地管理成本。土地承包权所有者在城市，一旦乡村实施土地整治项目、农业产业项目等，需要花费更多的成本在沟通与联系上。

6.1.2 对城市治理带来的挑战

新土地承包法实施导致的农户行为匹配改变，给城市的治理带来了新的挑战，主要体现在以下几个方面。

第一，城市落户数增加，给城市扩容工作带来挑战。促进城镇化是本书研究制度变迁的主要目的，制度调整会立刻启动农户的响应行为，大量农户会选择城市落户，这为城市的扩容工作带来了巨大的挑战。首先，居住空间的扩容挑战。已有大量文献研究表明，城市住房

第6章　匹配变动视角下促进有序城镇化、乡村振兴的对策建议

(李永辉, 2019)、城市房租等 (杨青, 2021) 显著影响农户工城市落户行为, 住的稳定才能落的稳定, 这是城市落户群体首要关注的问题。但现实中, 城市倾向性的工业用地扩张, 缩减住宅用地, 直接导致城市房价的居高不下。虽然, 各地方均有文件提出将流动人口纳入住房保障范围, 提供低廉的廉租房、商品房等政策, 但住房资源更多地向高等教育和高技能人才倾斜, 而农民工群体中城市落户的农户依然被隔离在城市住房保障范围之外。于是形成了"城中村""集体宿舍"的二元住房环境, 这严重抑制了农户选择城市落户的行动。因此, 要促进稳定城镇化, 要解决城镇化带来的城市人口增加的问题, 就必须进行城市住宅空间的扩容, 形成落户群体与居住空间的合理匹配。其次, 社会保障、公共服务的扩容。农户户籍的转变也意味着社会保障体系的转换, 本书的结论表明, 享受城市教育是农户选择城市落户的一个主要原因, 因此公共服务中的教育扩容需要及时跟上。从样本数据分析来看, 新土地承包法下选择城市落户的农户家庭, 平均受教育小孩个数为 2.76 个, 也就是一个落户群体将带着平均 2~3 个城市入学需求。因此, 教育的扩张是新土地承包法下亟待解决的问题。除此之外, 落户人口增加对城市退休养老金、社会救助体系、社会福利体系带来了巨大的挑战。落户群体并非农村中高收入群体, 相反, 低收入群体更容易被此次新土地承包法修改所启动, 虽然未退回的土地收益可以成为部分社会保障, 但户籍归属城市所应有的退休金、救助体系、社会福利体系也需要进一步扩容, 以此匹配增加的落户群体的保障需求。公共服务的扩张体现在城市公共设施上, 如人口扩张带来的用电、用水量的增加, 人口扩张带来对城市图书馆、运动场所、文体活动场所的需求增加, 这些都需要及时扩容, 否则在资源有限的情况下, 容易形成城市的歧视行为, 最终阻碍城镇化的和谐推进。最后, 城市落户数增加带来的就业挑战。就业是落户群体的立根之本, 只有稳定的就业才能支撑稳定落户, 形成真正意义上的城镇

化。本书第 5 章结论表明，匹配变动能有效促进户籍城镇化，但对就业城镇化的影响较弱。因此，实现就业城镇化才是实现经济社会发展的必然途径。已有大量研究表明，外出打工显著影响农户城市落户，即大部分落户群体是因为在城市有了就业，才选择落户的。但城市就业不同于农村农业就业，城市就业风险很大，不仅受到政策的影响（如建筑行业受到房地产政策的影响）、国内外经济的影响（本国经济低迷对产业的影响，国外经济低迷对出口行业的影响），还会受到自然灾害、疾病的影响（如洪水、新冠肺炎疫情、地震）。城市随时都面临着失业、重新就业的风险。另外，从世界历史发展来看，稳定的城镇化是建立在工业带来的充分就业岗位基础之上的。工业化与城镇化是多国历史发展中的必经之路，但两者之间不同步，尤其是城镇化快于工业化的情况下，往往会带来一定的社会化问题。拉美陷阱表明，城镇化快于工业化会导致城市出现大量的"贫民窟"和"失业潮"，以及由此引发的社会不稳定问题。因此，城市的扩容工作不仅仅是居住空间的扩容，更是工作机会的扩容。

第二，城市落户数增加，给社区管理带来巨大的挑战。大规模的人口流动，会引发城市社会空间结构上的重构，这为社区管理带来以下多方面的挑战。首先，落户群体的强流动性给社区管理带来挑战。在城市落户群体特征的研究中发现，落户群体多是收入较低、有着较高的人力资本和社会资本的中青年家庭。低收入特征导致落户群体具有较强的流动性，这无疑加大了城市社区管理的工作量。如网格管理工作，单是入户登记租户信息，就耗费了社区干部大量时间和精力，使其无暇兼顾其他任务（刘杨，2018），更不用说，落户群体频繁更换租房地点所带来的事务剧增。流动性强的特征也导致了落户农户与周围群体具有较弱关联性，不同于农村熟人社会，自我声誉能起到有效的规范行为作用，弱关联性的社会关系，会提高城市落户群体的管理成本。例如，2021 年的新冠肺炎疫情的城市管理中，社区人员在

第6章 匹配变动视角下促进有序城镇化、乡村振兴的对策建议

进行行程摸查、疫苗接种监督工作中，流动性较强的新落户群体的管理成本就非常大。在落户数量增加、落户流动性过强带来的管理实务膨胀的同时，城市社会管理人员并没有同比例增加，这必定给社区管理带来挑战。其次，落户群体社会融入难也给社区工作带来挑战。大量文献表明，劳动力迁移会遭受到迁入地与迁出地之间的文化冲击，这给迁移者的社会融入带来很大的难度。城市文化与农村文化具有显著差异，如农村文化是典型的农耕文化，是遵循自然规律的田园生活；城市是典型的商业文化，是快速、非人格化的交易方式。如果不能有效地整合两者文化，不但会让新落户认知行为失调，更甚则带来社会管理的问题。课题组在调研时遇到城市落户群体生活的一个典型案例：农村迁移到城市后，迁移农户多为聚集居住，租房地在城市郊区地段。租房地门前有一条马路，对面是购置日用品的超市，这条路上的交通意外事故尤其多，住户反映"几乎每个月都有人被车撞伤，甚至是死亡"。调研后发现，导致事故多发的原因，是城市落户的农户群体不习惯过马路看红绿灯，看到没有车就直接跑过去，在视野环境不好的情况下，就很容易发生交通事故。此外，城市文化是日新月异的信息变更，是不断迭代重组的文化，这也为落户群体融入城市文化带来了难度。例如，传统农民工、落户农民在城市从事建筑、餐饮服务、城市保洁、工业流水线的工作，这些简单重复的工作能获得生计资本，并能迅速融入工作群体，获得城市的归属感。但随着智能化、大数据的兴起，城市产业结构发生了巨大的变化。如《中华人民共和国国民经济和社会发展第十四个五年规划和2035年远景目标纲要》中指出城市制造业的核心竞争力提升在"高端新材料、重大技术装备、智能制造与机器人技术、航空发动机及燃气轮机、北斗产业化应用、新能源汽车和智能（网联）汽车、高端医疗装备和创新药、农业机械装备"上。城市产业的调整引导就业岗位的调整，在农户受教育水平普遍低于城市居民的情况下，很容易形成就业岗位引

起的社会隔离,岗位排斥带来的社会融入难的问题。最后,落户群体的多元性形成新治理事务,给社区管理带来挑战。由于落户群体的多元性,会在现实生活中涌现出大量新型的社区问题,当存在治理职能边界不清时,就给社区工作带来巨大的挑战。例如,刘杨(2018)所提及的社区群体形成的有组织的劳资冲突问题。按照规定,劳资纠纷不属于公安机关的职能,辖区内也没有专业的劳动监察部门,整个治理体系缺乏执法权限,最终只能由社区来承担。在社区管理人员专业性不强、权限不足的情况下,这就给社区管理问题带来巨大的挑战。

第三,城市落户数增加,给城市生态环境保护带来挑战。"十三五"以来,贵州省在发展中实施了大扶贫战略、大数据战略与大生态战略。其中,生态战略以保护贵州生态环境,守好两条发展底线,秉承"金山银山不如绿水青山"的发展理念,在生态环境、生态经济中实现了经济与社会的后发赶超。随着城镇落户数的增加,城市的生态环境受到了巨大的影响,给城市生态环境保护工作带来了新的挑战。一方面,人口数引起消费量增加,导致环境恶化。城市人口数的增加,与之相伴的落户群体的吃、穿、行日常消费的增进,居民消费量的增加,在一定程度上会带来环境的恶化。在我国城镇化推进的历程中,多地出现了"十面霾伏""垃圾围城""水体污染物含量超标""地下水位下降"等问题(邸勃,2021)。随着城市落户群体数量的增加,在收入有限、采取新型清洁能源具有高成本的情况下,落户群体多选择粗放型能源使用方法。例如,交通使用碳排放量较大的摩托车,油耗增加;人均居住面积增加,更高的人均能耗用于取暖、制冷和能源消费,这些都给城市的生态环境造成巨大的压力(国务院发展研究中心和世界银行联合课题组,2014)。2021年贵州省统计局发布城乡居民生活用电量数据,2021年7月为215.83亿千瓦,比2020年同期用电量增加了7.06%。总之,人口增加所带来能源消耗增加,进而形成温室效应,对生态环境造成极大影响(刘蕊梅,1994)。另一方面，落户群体规模扩大，带来城市土地利用方式的改变，进而影响了生态环境的保护。落户群体增加后，城市必然需要进行居住空间的扩张，落户群体低收入的性质导致用地面积扩张难以用高成本的精细方式推进，粗放型的、城郊周边的用地方式就成为首选。在扩建过程中，粉尘、建筑垃圾、建筑废水等排放加剧了环境的污染，此外，建筑用地的增加，也必然会对周边的湿地、沼泽、湖泊等生态系统造成威胁。2021年贵州省统计局发布数据，2021年上半年，全省房地产开发投资同比增长1.8%，其中住宅投资比上年增加6%，可见与城镇化相匹配的住宅投资已呈现上升的趋势。

6.2 匹配变动视角下推动城镇化、农业现代化的对策建议

在制度调整已被证实能有效刺激农户城市落户与土地处置行为变迁的结论之下，基于农户行为匹配变迁视角，为提高新土地承包法制度绩效，本书提出促进有序城镇化、农业现代化的对策建议。

6.2.1 加大城市扩容建设，实现落户群体供需平衡

针对城市落户群体增加的趋势，加大城市扩容建设，实现落户群体的供需平衡，推动未来城镇化的进一步发展，城市的扩容工作重点在住房、教育与就业上。

城市住房扩建，是落户群体落得稳的前提条件，城镇化推进视角下的住房扩建有以下几个特点。首先，住房扩建应以城市中心圈、产业圈为主。鉴于城市落户群体低收入的特征，住房的扩建以经济性为主。虽然开发郊区能提供较为低廉的住房，但历史经验表明，郊区开

发在 5~7 年的峰值后会开始减退。此外，落户群体郊区居住，不但会增加交通成本，增加城市生活负担，同样也难以与城市融合，形成"中心—郊区"的二元发展方式。因此，住房的扩建依然以城市中心为主，以城市中心的产业为核心。城市中心的扩建并非一味挤压城市中心空间，而是通过集聚效应产生更多的经济外部性，当聚集效应达到一定程度后，扩散效应产生，形成城市中心圈的扩大。产业的扩散伴随人口住宅的扩散，人口的扩散伴随着服务行业的扩散，最终推动了整个区域经济一体化的形成。依据杜能的经济圈理论，以城市中心与产业为核心，合理布局住宅带，通过聚集与扩散作用，有效推动健康城镇化的实施。其次，住房扩建应与公共设施匹配。住房与公共设施匹配是提高住房质量、提高土地利用的关键因素。2013 年习总书记在加快推进住房保障体系和供应体系中明确指出"房子不是用来炒的，是用来住"的住房定位。2021 年《中华人民共和国国民经济和社会发展第十四个五年规划和 2035 年远景目标纲要》中又重申"坚持房子是用来住的，不是用来炒作的定位"。现实中，大部分家庭拥有多套住宅，并非基于投资目的，而是因为住房地理位置所带来的公共服务而购买了多套住房，如一家同时拥有学区房、离医院较近的住房、离工作较近的住房，这就导致了"有的人没有住房，有的人住房低效配置"的矛盾。合理匹配住房与公共设施，完善城市交通设施，逐步扩大地铁覆盖面，降低出行成本，实现"一户满足多样需求"的目的，能有效提高住宅用地效率，为城市新落户群体释放大量住宅房屋。住房扩建与公共设施匹配建议在公交站点、地铁口附近、特点制定道路附近，允许更高的住房容积率。在新扩建的住宅旁边，配套相应的图书馆、运动广场、学校、医院等公共服务。最后，多渠道整合住房土地。增加住房土地是降低住房成本，匹配落户群体购买力的有效途径。一方面，建议动态调整城市与农村的用地指标。省一级协调城市与农村的用地指标，可选用人口密度、人均

第6章 匹配变动视角下促进有序城镇化、乡村振兴的对策建议

GDP等指标动态调整用地量，随着城市人口数量增加，农村人口数量减少，户籍城镇化与土地城镇化同步进行，提高劳动力与土地资源的有效配置。另外，可借鉴重庆"地票"的做法，试点"农村宅基地换城市住宅"的交易方式，提高城市住房总量。可选择城镇化进程较快的遵义、安顺等市进行试点，依据交换地GDP、土地价值指标，构建农村宅基地与城市住房的合理交换比。城市交换性住房不建议像"公租房""廉租房""拆迁户补偿"一样集中建设，建议纳入各类商业小区，提供不同小区的交换比，供落户群体自行决定。退回村集体的宅基地指标，在村集体、城市、交换的商业住房小区之间分配，实现用地的联动性。另一方面，提高城市住房用地效率，整合闲置、低效配置的用地。各地方政府在招商引资、开发工业园区和农业现代园区时，吸纳了大量的建设用地，并以低廉的价格转让给企业、开发商等。多年过去后，部分园区并未遵循预期的想象发挥作用，更多处于闲置状态，企业转让率低并未充分开发。建议将这部分土地重新利用，规定在五年内未开发的建设用地可再次分配，可用来建设可负担住房。改造城市"老、旧、杂"建筑，加快"城中村"、棚户区的改造，在生态承载力允许的情况下，允许更高的住房容积率、人口密度和建筑高度，通过合理的住房布局规划，提高土地利用率，将房价控制在低收入家庭可负担的范围之内。

教育扩建的重点在中小学，应有效衔接落户群体的教育需求。从落户行动迁移来看，有教育需求的家庭更容易被新土地承包法所释放，遵循迁移理论原理，城乡教育差是驱动城市落户的重要动力。我国已持续推进城乡教育均等化战略，实施流动人口就读附近公立学校的政策，但在具体操作中，依然存在较多的阻碍。例如，城市落户群体未城市购房，租房的情况下子女很难获得入学资格；在城市教育中，学校质量存在差异，农户落户群体难以竞争到好学校。因此，需要从扩大教育供给与改善城市教育结构两个方面着手，对接制度变迁

所带来的社会需求变化。从量上来看,各地方政府应加大中小学教育投资,与住宅扩建相匹配,以常住人口为基础,在周边建立起适配的中小学教育。中小学教育以义务普及性为主,其目的是整体提高国民素质,而不是进行群体的分类,因此建议以居住地为基础,允许新城市落户居民凭租房证明办理中小学入学手续。在公立学校数量有限、短期内难以扩建到满足需求的情况下,鼓励私立、民办学校的建设,加强私立学校的监督管理。对就读于私立、民办学校的城市落户群体发放公共补贴,补贴数量不少于公立与私立学校间的学费差。从结构上来看,调整方向是实现全省、全区教育师资力量均等化。首先,提升整体区域师资水平,通过培训、观摩等方式提高教师业务能力。鼓励省级、区级、县级、校级优秀老师全区域培训,将培训任务纳入绩效考核。鼓励优秀老师经验交流,以教研组、帮扶学校为单位,加强老师间的教学交流。建议老师专业性教学,借鉴大学教育方式,结合老师特征,选定老师的授课类型与授课层次,专业化形成分年级授课团队,如小学一年级语文团队、二年级语文团队等,实现校内老师的流动制。为避免授课老师之间的衔接不恰、授课老师与学生之间关系不紧密的问题,建议德育老师班主任制,加强专业团队之间的衔接问题,通过统一教案编制、过往问题总结的方式,探索更加有效的教学方式。其次,推动校内外、区域间老师流动,以流动拉动教育一体化。在校内教师分工化的基础上,推动校内老师的自由流动制。即不固定老师与老师之间的固定搭配,不固定老师与班级之间的固定搭配,以随机的形式将老师与老师、老师与学生之间进行匹配。在推动校内老师流动制的同时,推动区域老师的流动,鼓励优秀老师跨校、跨区、跨学区流动。对学校所指派的跨区域流动的老师,计入较大的绩效系数,给予一定的补贴。各学校设置流动渠道,允许老师自动流动,精简流动程序,保障流动顺畅性,以流动促进竞争,提高劳动效率。最后,安排设置定期线上、线下答疑时间,促进城市落户群体孩

第6章　匹配变动视角下促进有序城镇化、乡村振兴的对策建议

子的有效衔接。新落户群体的孩子在新教学环境，需要适应新的教学方式，如果不进行一定的衔接，很容易引起脱节，甚至令孩子自卑，拉大学习差距。建议各中小学定期留出一定的答疑时间，方式可以是线上也可以是线下，加强落户群体学生与老师的沟通交流，加快学生的教育融入。

就业的扩建是实现就业、人口城镇化同步，也是工业化与城镇化协调发展的关键，是有效防止"城市病"的最佳途径。本书的研究表明，新制度带来的行为匹配变动只能保障户籍城镇化的推进，就业城镇化的实现需要政府做进一步的引导，引导方向是多渠道提高劳动力就业能力，构建更加平等、便捷的就业平台，完善劳动力市场制度。首先，多渠道提高劳动力就业能力。就业能力的形成应贯穿于整个受教育生涯，可与正规教育同步实施。建议在小学、初中义务教育阶段，开设相应的就业简介课，利用寒暑假进行就业实践课程，多工种的就业实践能让学生形成初步的就业观。建议在高中阶段，学校设置就业学分，学生通过兴趣爱好、社会实践获得就业学分，该学分与大学学校类型、专业类型匹配，建立起系统的就业能力教学体系。鼓励大学进行深入的校企合作，每门课设置三分之一的实践内容，邀请企业相关人士通过情景模拟方式进行案例教学。调整大学本科的毕业条件与学分设置，更加注重知识的运用，技术能力的培养。培训是提高劳动力就业最便捷有效的途径。政府应规范培训市场，建议在省级层面设置通用性的就业培训体系。大力发展线上、线下培训市场同步推进方案。基础教育以线上为主，建议设置菜单式的培训科目，形成有层次、循序渐进的课程体系；实践操作教育以线下为主，建议建立统一的培训、考试平台，形成一体化的培训系统。严格控制培训质量，形成可信有力的能力评估指标，将培训学分与就业相挂钩，减少就业市场的信息不对称。建议针对未就业群体，培训课程设置为免费制，针对在职培训群体，实施学分收费制。专业性的就业培训，以企

业市场化的方式自我实施。此外，建议打破传统专业对应工作岗位的硬性条件，可将就业岗位与就业培训积分挂钩，扩宽就业面，提高就业受众面。其次，构建平等便捷的就业、创业平台。就业平台是消除就业市场信息不对称，提高就业供给与需求匹配效率的有效途径。劳动力市场平台的建立可借鉴产品市场的方式，政府构建类似于"淘宝""天猫"的就业平台，在此平台上，实时更新供方、需方的就业岗位信息。政府设置专门的机构进行平台监控管理，发布的信息与诚信挂钩。创业平台的构建，是创业信息、创业政策与创业人员的对接。地方政府在平台上公布创新创业的政策条例，及时追踪创新企业发展轨迹，提高创业孵化效率。建议政府放宽创新、创业条件，不仅针对高科技、高发展潜力的大产业、新兴产业，同时也应覆盖新城市落户群体的"生存型创新、创业"产业。鼓励发展服务业，以精细化服务、社区性服务为主，扩大落户群体的就业机会。最后，完善劳动力市场制度。就业市场扩建的同时必须以制度约束就业市场的规范性，形成"量"与"质"良性发展的就业市场。降低就业门槛，逐步以"就业能力、技能"代替传统"学历、专业"的硬性就业条件。鼓励劳动力市场流动，通过法律政策，构建无障碍的市场流动机制，消除不合理的企业用人制度，完善企业与劳工之间的纠纷解决机制，保障劳动力市场的公平与高效。

6.2.2 加强社区投入管理，促进落户群体城市融入

从提高落户群体城市融入视角，加强社区管理，提高社区投入力度，加大社区情感性、参与式社区管理。加强社区管理，是促进和谐健康城镇化的关键，可从以下途径提升。首先，加大社区管理的人力、物力、财力投入力度。随着城市落户人口数的增加，社区需求递增必定需要与之匹配的社区管理供给，因此政府应增加社区管理投

第 6 章 匹配变动视角下促进有序城镇化、乡村振兴的对策建议

入,从岗位、资金角度平衡社区管理的供需。建议按照社区管辖人口密度,设置相应的社区管理岗位。岗位分成固定岗与流动岗,固定岗以定编定岗的职工构成,流动岗以义工、临时性就业救助等形式,流动岗不仅增加社区内人员交流沟通,也能作为缓解社区就业压力。增加社区资金投入,设立创新基金,鼓励工作方式、工作平台、工作绩效创新,提升社区管理活力。设置社区试点工作,尝试部分工作市场化运作,引进竞争机制,提高社区管理效率。其次,加大社区情感性、参与式社区管理。随着城市落户人口数的增加,社区不仅起着传统统计、登记的作用,更应该发挥其情感、文化枢纽的功能。通过对社区情感再生产过程进行干预,协调新落户群体与原居民之间、新落户群体与行政服务人员及相关群体之间关系。社区对接新落户群体的情感归属诉求、文化差异不适应等问题,通过各种活动、平台搭建促进落户群体的城市融入。从活动方面来看,可定期举办文娱互动、节假日互动,构建社区交流平台。在社区内建立统一的社区服务中心、图书中心、文体活动中心,为社区群体自发交流提供场所与平台。同样可创新"参与式社区管理"方式,针对新落户群体,提供临时流动社区岗位,以工作拉动情感联结。此外,参与式社区管理还体现在新落户群体对社区事务的知晓、参与、反馈、监督上。赋予落户群体社区事务的参与权,建立参与渠道与反馈机制,通过参与式社区管理,有助于新落户群体建立城市归属感、社区认同感。从平台方面来看,可搭建便捷易操作的多样社区平台,促进新落户群体的社区融入。开发手机 App 程序,建立一键连接的社区交流平台。定期在平台上发布社区公告、社区活动、社区动态,推送"每日一星"社区人物,有效搭建沟通交流平台。在社区平台上可开设答疑中心,通过"一对一"的方式,解决社区中存在的应急问题。构建城市文化与行为规范的普及体系。新落户家庭普遍具有城市打工的经验,对城市文化有着一定的认识,但落户家庭中还有未有城市生活经历的成员,如

小孩、配偶、老人等，他们的城市融入更需要社区的帮助。心理健康、文化融入是新落户群体面临截然不同的生活、生存环境所必须直面的首要任务，需要清晰了解城市生活方式与农村生活方式的不同，城市行为规则与农村行为规则的不同，而社区是承接该任务的重要机构。从心理健康上来看，社区应设立以心理学为基础的咨询中心，对新落户群体可能出现的"小孩教育中的自卑、自负、孤单感""老年人生活中的无力、无能感""中年人生活中的压力、焦虑"等问题进行疏导。咨询中心在建立"一对一"咨询的同时，建议拍摄科普短片，编制浅显易懂的手册，免费发放给新落户群体，防微杜渐，做好心理疏导。从城乡文化差异上来看，建议社区将与城市行为规范相关的文件、制度汇编成册，通过漫画、歌舞形式表达，同时以案例现身说法的方式对落户群体进行文化普及。针对新落户群体增加所带来的城市环境恶化问题，是社区管理中城市文化宣讲的重点。一方面，需要让新落户群体认识城市环境恶化的危害，让新落户群体知晓城市生态环境相关的规章制度以及惩罚机制，如国家层面的《大气污染防治法》《水污染防治法》《野生动物保护法》《野生植物保护法》《森林法》《城市节约用水管理规定》《城市绿化条例》《城市市容和环境卫生管理条例》《城镇排水与污水处理条例》；贵州省级层面的《贵州省生态环境保护条例》《贵州省关于构建现代环境治理体系的实施意见》《贵州省大气污染防治条例》《贵州省城市市容和环境卫生管理条例》等。另一方面，社区加大推广绿色节能行动。针对新落户群体的高耗能行动，社区管理在进行节能宣传的同时，也加大绿色节能行动的奖励，如颁发"用水节能家庭""用电节能家庭""垃圾高效处理家庭"等奖励，通过示范性，提高新落户群体的模仿效应。通过试点推广个人生态指标 App，例如，建立个人碳汇、碳排放实时数据记录，搭建个人碳排放交易平台，将节能行动与市场交易链接。最后，加强社区与其他相关单位协作机制，提高社区管理效率。

第 6 章　匹配变动视角下促进有序城镇化、乡村振兴的对策建议

社区工作的复杂性导致工作边界的模糊性，难以清晰界定职责范围。新落户群体规模的扩大、新情况的突发，是对社区应急机制、工作人员应急能力的考验。一方面需要加强社区应急处理能力的培养，另一方面需要建立多单位联动的应急处理机制。构建社区、教育、医疗、公检法等相关机构的联动机制，在事件涉及多家单位的情况下，启动联动机制，提高社区管理效率，真正做到《中华人民共和国国民经济和社会发展第十四个五年规划和2035年远景目标纲要》所提及的"街乡吹哨、部门报到、接诉即班"的基层机关机制。社区工作管理不仅应加强与其他单位的协调，更应加强内部的协调机制。一方面，社区与社区之间的协调，可通过社区之间的事务联动、社区之间的人员流动、社区之间的管理流动方式形成社区与社区之间的协调；另一方面，社区工作需要进一步细分、下沉，赋予社区管辖内街道办一定的权责，赋予小区业主管理委员会一定的权责，形成"社区—街道办事处—小区业主管理委员会"的三级组织结构，精准高效满足新落户群体需求，促进新落户群体的城市融入。

6.2.3　完善就业市场化，保障落户群体就业权利

从提高户籍城镇化角度，需要完善就业市场化，形成城乡一体化的就业体系。城镇化对于贵州省而言是一个持续的过程。《国家新型城镇化规划（2014~2020年）》指出，我国无论是常住人口城镇化还是户籍人口城镇化，都低于发达国家80%的平均水平。即便贵州省基本达到60%以上的城镇化水平了，但依然有较长的路需要走。构建完善的城乡就业市场，是实现后续城镇化、城乡互相流动，最终实现城乡一体化的必然。从匹配变动视角下来看，就业市场化的重点在于保障落户群体就业权利。

首先，逐渐消除以城市"学历"为门槛的就业机制。改革开放

后，我国在劳动力要素市场上进行了大量的改革，形成了城乡可以自由流动的良好局面。但在城市就业中，农民工城市落户群体的工种多被限制在"建筑工人""餐饮服务员""城市环卫工"等低技能行业上，鲜有农民工进入公务员、企事业单位行业。该现象一方面说明，刻板印象认为该群体的就业范围就是低技能、体力劳动；另一方面也说明，正规就业市场上"唯学历论"的招聘条件已隔离了农民工、新落户群体。构建无差别的就业市场通道，就需要打破"唯学历论"的就业壁垒，形成"能力论"的就业观点。在公务员、企事业正规行业中，大量需要技能型的人才，应放宽就业招聘条件，有意识地引导农民工、新落户群体去政府、企事业单位就业。加大就业市场培训积分制，将积分与能力挂钩，提供"非高学历"群体更多的就业渠道，搭建起点公平、过程公平、结果公平的就业市场。

其次，建立公平统一的劳动保障体系，保障新落户群体就业权益。劳动力市场上，价格是效率的反映，在最低劳动工资的保障下，允许市场规律决定工资差异。调研中，大量农户表示，在城市自己是弱势群体，农户曾经在城市遭受到的"拖欠工资""歧视性用工""打白条"等经历，给农户带来了"无法与企业、用人方谈判"的障碍，权益得不到保障，是制约农户城市落户的重要因素。因此，需要由政府建立制度性的就业保障体系，消除农户城市落户的顾虑。劳动保障体系的建立需要从劳动合同政策、最低工资标准、劳动安全保障、劳动监察争议解决机制、工会组织与维权机制等方面进行完善。在劳动合同政策中，消除同一工作设置的不同类别合同，如派遣工、临时工、固定工，按照工作性质设置全省统一用工合同。此外，劳动合同不仅覆盖各用工单位的固定员工（3个月以上），也必须覆盖以每天为单位的临时用工。政府要求各企事业单位运用统一用工合同，并运用大数据进行归档整理，形成个体资料。标准文本包括工作岗位、工作内容、合同期限、责任与权益、劳动条件、工作时间、休假

第6章 匹配变动视角下促进有序城镇化、乡村振兴的对策建议

条件、劳动报酬、保险福利等内容。最低工资标准是新落户群体城市就业的最低工资标准，最低工资标准不仅覆盖长期固定职工，也应该覆盖临时用工群体，保障新落户群体过渡性临时用工需求。劳动安全保障是地方政府依据各种工种环境，制定对应的工作安全保障，如硬件上安全帽、防护口罩的配比，软件上对特殊工种的心理疏导等。劳动监察和劳动争议解决机制方面，地方政府应建立常设的监察机构，设置电话、信访、网络等意见诉讼途径，通过日常巡查、专项检查、接受投诉举报等事务，保障用工过程中的公平公正。工会组织与维权机制方面，建立由政府、工会、企业代表组成的三方劳动关系协调机制，组织新落户群体计入工会，积极开展集体协商会议，充分发挥工会的作用与功效。

最后，统筹城乡就业政策。统筹城乡就业政策，让农民、农民工、新落户群体享受与城市职工平等的公共服务，是长期就业市场的发展方向，也是促进就业城镇化的必经之路。建立统一的劳动力市场和信息网络体系，形成以省级行政区为就业市场中心，以城市与农村为市场支撑，形成以社区、村劳动保障事务站为基础的三级劳动力市场网络，实现就业服务的全覆盖。建立城乡统一的就业服务制度、统一的劳动用工管理制度、统一的城乡社会保障体系。将统一的就业市场、就业制度免费向社会群体公开，通过易操作的手机 App，易获取的社区服务中心、村集体服务中心，保障信息的实时更新。以信息拉动就业的完全市场化流动，以制度保障城乡就业市场的完整性。

构建城乡一体化的就业体系，首先需要信息技术的支持。农村偏远地区由于缺乏快速便捷的网络信息，导致缺乏对就业市场信息的了解，就业信息的获取主要是依靠亲戚朋友、熟人之间人格化的社会信息交流方式。城乡一体化的就业体系需要重点弥补农村人口，尤其是进城之后农民的就业信息的可及性、可用性。一方面，针对就业网络服务系统混杂、非正规、非专门化的状态，政府可以安排相关技术人

员研发与城市就业信息协调同步的软件，识别对就业求职有需求的农户，筛选出与农民就业需求一致的信息，将就业信息同需求客户之间进行匹配关联，然后推广到需求客户端，促进网络信息的相互关联和沟通。另一方面，需要安排相关技术人员定期向农村、进城落户群体集聚地、社区宣传推广和维护网络信息的安全性。其次，建立协调一致的城乡一体化就业信息系统、就业指导培训系统、创业创新指导系统、就业保障服务系统等统筹城乡就业体系。可以根据不同群体的需要有针对性地提供就业信息服务形式，例如，针对中青年、高人力资本的农民工可以提供网络化的岗位就业指导培训，相对偏远地区、低技能的农民工可以采用现场招聘的形式。最后，劳动力就业保障体系是保障城乡一体化就业体系的关键。一方面要扩大农民工社会保险、工伤保险、失业保险的覆盖面积。农民工发生工伤事故、失业、职业安全等问题层出不穷，一旦农民工发生工伤事故或失业都会对家庭、社会产生重大影响，甚者致使一个家庭陷入贫困，因此，增加农民工群体社会保险的覆盖面积至关重要。另一方面，维护农民工权益要进一步消除关于农民工进城就业方面不合理的规章制度。要加强对农民工权益的保护，农民工进城就业之后面临着拖欠尾款、企业欠薪、拒交保险和失业等风险，要切实地、可操控性、有针对性地解决进城农民工和农村转移人口的权益保护问题。

6.2.4 加快土地市场建设，提高土地利用效率

针对土地流转率提高的走向，加快土地市场建设，构建完善的土地市场平台，规范交易流程，提高土地利用效率。新土地承包法的实施通过农户土地处置方式的改变，进而影响了农业现代化的进程。从研究结论来看，新土地承包法会增加城市落户群体保留土地的比例，同时新土地承包法下的匹配变动会减少闲置比例，增加土地流转供给

第6章 匹配变动视角下促进有序城镇化、乡村振兴的对策建议

比例，减少自耕比例。土地处置方式的改变，在土地市场健全的情况下，才能有效促进农业现代化、乡村振兴发展。基于匹配变动的视角，以推动农业现代化为目的，建议从以下几个方面加强土地市场建设。

首先，做好土地新一轮确权工作。确权是土地市场建设的首要条件，也是农户收益保障的关键。我国从2014年开始试点土地确权工作，截至2020年11月，取得了土地确权颁证率达到96%的佳绩。在后期确权工作中，应加强以下两点的确权工作。第一，完善城市落户群体的土地确权工作。已有确权工作都是针对农村居民，新土地承包法后，城市落户群体依然具有土地承包权，因此后期工作中需要重点关注如何给落户群体土地确权的问题。城市落户群体所涉及的土地不仅有村集体分配的耕地、宅基地，有的还会涉及撂荒土地、城乡结合土地、在原有耕地上建设的养殖鱼塘等。村集体应建立起统一的确权方案，保障城市落户群体的土地承包权、经营权的完整性。第二，做好第三轮延包的分配工作。我国马上迎来第三轮土地承包的再分配，2021年中央一号文件指出"有序开展第二轮土地承包到期后再延长30年试点，保持农村土地承包关系稳定并长久不变"；2019年中共中央、国务院发布《关于保持土地承包关系稳定并长久不变的意见》指出"坚持延包原则，不得将承包地打乱重分，继续提倡增人不增地、减人不减地原则"。虽然政府已经指明了再次分配的两大原则，即保持土地关系长久不变、不得打乱重分，地方政府、村集体在具体实施中依然存在大量的现实问题。大量无地农户新增成员、失地农民、获得城市户籍农户等群体涌现，人地关系悬殊使土地调整的诉求强烈。土地承包法规定"城市落户农户保留土地承包经营权"，那么此次延包边界究竟是户籍还是常住居民？若是户籍又以何时的户籍为准？这些都是第三轮延包中需要直面解决的问题。建议贵州省在湄潭、安顺、六盘水开展延包试点工作，通过试点总结出"长久稳定"

"兼容互补"的延包实施路径，以第三轮延包为契机，推动全省内的新一轮确权工作。第三，建议加入质量确权工作。现有的确权内容包括土地面积、地理位置、起止时间、权属主体，建议第三轮延包确权工作中加入土地质量的内容。加入质量确权一方面有利于土地市场上土地价格的反映，能客观科学地量化土地价值；另一方面，质量确权能持续监测土地质量变化，通过此项指标的变动对土地配置效率进行衡量，进而地方政府、村集体采取土地使用的管控行动。例如，质量监控发现，土地流转后土地的质量发生严重恶化，土地长期撂荒或者被大规模破坏性使用，地方政府有权对流转土地进行干预。土地质量的确权建议运用生物学技术，通过土壤微生物含量的方法进行评估，设置土地质量的等级评估指标，可设置 5~10 个土地质量等级，依据土壤生物含量，自动生成土地质量等级。

其次，健全土地产权服务体系。研究表明，无论是城市落户群体还是农村落户群体，新土地承包法后，土地流转意愿的比例都有着不同程度的提高。此外，土地流转是农业现代化发展的基础，是实现规模经济、新生产要素引入、要素重新配置下的农业现代化，因此，建立完善的土地流转市场是具有重大意义的。2021 年《中共中央、国务院关于全面推进乡村振兴加快农业农村现代化的意见》中也明确指出"健全土地经营权流转服务体系"。健全的土地流转服务体系包括以下三个方面。第一，农村产权交易网络平台建设。平台建设是土地流转市场的基本，调研中农户普遍反映，产权交易中心建在县里、市里，几乎没有去过，都是针对大企业、合作社，农户的受众面非常狭窄。土地散布在农村每个农户家，土地市场更应聚焦农村、乡镇。建议建立以县为中心，镇为基点，村为单位的三级土地产权交易平台。除实体的产权中心大楼基础设施外，大力开发产权网络平台的建设，设置专职专岗进行网络管理，链接每个农户数据点，通过农户与管理人员的线上沟通及时发出交易信息。支持网络线上交易，通过网

第6章 匹配变动视角下促进有序城镇化、乡村振兴的对策建议

络合同签署、合同实施、合同监控等流程管理，信息归档备案的业务的系统处理，形成线上线下同步进行的产权交易平台。平台的经费由地方政府拨付，但交易双方需要缴纳一定的土地保障金，确保土地高质量的运用。第二，加强土地流转过程监控。现阶段土地流转过程无法监控是造成部分农户选择土地闲置的主要原因，建议加强土地流转后土地使用过程监控。过程监控以监控土地性质是否改变、土地质量是否恶化为主，并不涉及流转后土地的经济用途。产权服务中心以不定期巡查的方式，通过县—镇—村三级平台，对所管辖的流转土地进行监控，并在产权网络交易平台上进行巡查信息反馈。巡查结果与土地流转对象的诚信挂钩，从土地流转保障金中进行经济惩罚。第三，综合土地产权交易业务。产权中心不仅是土地流转业务，应覆盖与土地产权相关的综合性的多样业务。建议将村集体资产、宅基地、耕地的相关交易均纳入产权交易中心进行。产权中心可涉及土地经营权抵押贷款业务，提供土地抵押价格评估与土地监管过程；宅基地流转、抵押业务，提供信息发布以及过程监管业务等。

最后，城乡土地一体化改革。土地的市场化不仅是农村范围内土地的自由流动，更是城乡土地的一体化。城乡土地一体化不是要求城市与农村土地的价值一样、价格一样，而是拥有同样产权，城乡土地转换中平等权利的转换。因此，需要从上至下的土地改革。一方面，建立城乡一体化的建设用地市场。从产权归属来看，农村土地是集体属性，城市土地是国有属性，但在农村建设用地指标上需要层层审批，审批流程的复杂导致农业产业项目难以及时落地。2020年出台的《关于构建更加完善的要素市场化配置体制机制的意见》中提出了审批权下放的改革，即，将城乡建设用地指标审批权下放到省级，建立健全城乡一体化的建设用地市场。贵州省应积极探索审批权下放后的农村建设用地方法，建设用地的审批范围是什么？审批标准是什么？审批流程要压缩到多少？另一方面，转变传统土地征用方式。传

统转换方式是农业用地需要被村集体征收,转变为集体建设用地性质,只有集体用地性质才能最终转换为国有城市用地。在两次转化中,大量的农地价值差价被非农户群体所获取,给农户造成损害,也形成了城乡土地的二元性。要建设城乡土地一体化,需要新的法律法规来确定,如哪些情况可以动用征用权,如何直接转化,转化过程如何杜绝第三者获取价差。在2020年新的《土地管理法》框架下,建议只有公共利益项目才能动用征地权,建议征用过程从两级征用直接压缩为一级征用,农户土地被征用后不进行现金价值补偿,而是集体土地的直接置换,避免农户价值的损害,以及征收后农户可持续生计的破坏。

6.2.5 加强乡村队伍建设,推动乡村振兴发展

乡村振兴的发展,归根结底是人才的发展。在新土地承包法下,大量高人力资本、社会资本、中青年家庭选择城市落户的背景下,农村需要加强乡村管理队伍建设与经济人才队伍建设,才能有效实现农业现代化。针对农村人才流失、农业新生产要素未提高的结论,加强乡村队伍建设,以人才队伍建设拉动产业发展,促进农业现代化。

第一,加强村干部建设,实现乡村治理现代化。首先,提升村干部队伍的素质、能力。村庄是现代经济体系与传统熟人社会的结合,这就要求村干部不仅具有管理才能,还有良好的人际社交能力。建议对村干部、预备村干部实施能力提升计划,加强村干部队伍建设。一方面,定期进行管理能力培养。能力提升是持续的过程,随着社会经济的变化,外界科技力量的加强,管理能力、应变能力都需要及时提升。因此建议通过与高校合作,定期进行集中教学式的培训,掌握管理知识;建议强化村级交流,增加省级、县级优秀村干部评选,以示范标杆作用提升整体村干部管理能力;建议及时跟进政策学习,加强

第6章　匹配变动视角下促进有序城镇化、乡村振兴的对策建议

政治思想认识。另一方面，加强村干部的"乡土文化"建设。乡土文化需要村干部深入农村，理解农户的所思、所想、所为，了解农户行为背后的逻辑，从农民利益出发行事。深入农户需要大量的时间，了解每个农户的故事，因此，建议增加村干部的"聊天"时间，减少地方政府所要求的"经济指标任务"，让村干部重新回归乡村，回归村干部对农户的生活帮助上。其次，提高村干部待遇，防止村干部流失。新土地承包法后，大量人力资本强、社会资本强的中青年家庭农户选择城市落户，加大了村干部流失的概率。借鉴管理学原理，通过设定职业激励机制，留住村干部，防止村干部流失给乡村带来的负面影响。一方面，从职业蓝图角度，建议将村干部纳入国家公务员编制。2021年中央一号文件实施后，农村村干部责权进一步加大，村支书兼村主任一肩挑。而在职业蓝图中，村干部只有符合村里晋升条件，通过再度学习，在足够优秀的前提下才可以报考公务员，成为国家正式员工。但实际上，村干部很难有时间学习，且难以和万千高校毕业生进行公务员考试竞争，因此从职业空间上来看，需要增加职业的激励机制。建议将村干部的绩效与职业晋升挂钩，允许优秀村干部直接划入国家公务员编制，并享受公务员待遇。另一方面，在延长村干部任期的同时，提高村干部的工资待遇。村干部任期由以前的3年一届，改为现在的5年一届，与此相匹配的应该是村干部工资待遇的提升。从薪酬激励来看，长期工资要比短期工资高，才能对冲事件风险带来的损失。随着农业现代化推进，乡村振兴的实施，农村发展机会增加，在机会成本增加的同时，建议增加村干部工资，确保村干部收入不得低于乡镇、县级机关工作人员收入，对边远地区村干部发放边远补贴，提高工资待遇才能留住村干部，稳住村干部，激励更多有能力的年轻人加入村干部队伍。最后，可从城市落户群体中扩充村干部的后备力量。村干部需要一批在农村稳得住、扎得牢的群体，为了加强村干部队伍建设，国家实施了选调生、驻村第一书记的选拔机

制。但现实实施中发现，工作与家分离的选调生、驻村书记难以长期、稳定在农村工作，因此建议村干部的扩充更多从村里精英而来。现任村干部在工作中可以有意识发现、培养人才，举荐人才，加强本村村干部的后备力量。另外，村干部可从城市落户群里中选拔。大量城市落户群体，依然选择保留土地承包权，其具有天然的乡土连接。建议建立城市落户群体的村干部选拔机制，将管理能力与人际关系沟通能力作为主要的选拔标准，让熟悉农村、心系农村的城市落户群体依然为乡村振兴作出贡献。

第二，加强乡村精英人才建设，实现产业推进发展。人才是推动乡村振兴的关键，是实现农业现代化的核心。在新土地承包法导致大量农户城市落户，土地流转供给增加的情况下，更应加强乡村精英人才队伍建设，才能在新制度下推动更好的农业现代化。首先，营造创新创业好环境，培育农村创新创业带头人。搭建线上线下农村创新创业平台，引导金融机构开发创新创业金融产品和服务，缓解农村创新的资金约束。建设创新创业孵化基地，引领高校科研专利、成果应用向农村倾斜，将乡村精英人才与高校创业导师联合，共同实现创新创业的落地。其次，完善乡村精英人才的激励机制。乡村精英多以农村合作社、企业、家庭农场为载体发挥作用，完善合作社、企业中精英人才的激励机制，尤其是绩效激励，允许人才拥有更大比例的利润分成。加强农村企业家的合法权益保护，保障农村经营人才的创新成果、创新收益。

第三，加强农村农业科技人才培育，增加农业现代生产要素。农业现代化要求加入新的生产要素，重塑要素配置，进而提高农业生产效率。随着科技进步，农业新生产要素也必然与科技接轨，用技术密集型生产方式打破传统的农业生产方式。因此需要加强农村农业科技人才培育，在农业从业人员减少的背景下，运用边际报酬递增的技术推进农业现代化发展。首先，加强农村电商人才培育。电商是信息革

第6章 匹配变动视角下促进有序城镇化、乡村振兴的对策建议

命的产物,是现阶段连接小农户与大市场的最便捷方式,在国家、省政府完善信息基础设施的基础上,加大农村电商人才的培育。可开展电商专家下乡活动,以县、村为基础建立电商平台,以便捷的方式连接农户与信息平台,并由专家进行电商业务操作讲解、咨询。建立农村电商人才培养体系,设置电商人才资格认证,开展线上线下的多层次人才培训。其次,加大农业农村科技推广人才。建议由政府建立以省为龙头、县为中心、村镇为基点的三级科技推广体系,由省建立推广人才专家库,按照农业种类分类,形成专业性强、结构合理的专家库。县成立推广队伍,依据村镇需求,对应申请专家库人才组建技术推广队伍,完成技术推广任务。推广队伍以村镇为基点,完成农业技术推广任务。农村技术推广存在一定的困难,因此,建议推广以农户需求为导向,建立推广试点,以试点效果来推动和推广项目的完成。在推广项目中,推广队伍可以由高校毕业生、村里主要项目负责人构成。最后,加大建设农业科技人才的培育体系。鼓励农民工、城市落户群体返乡创业,对有技术、有想法、有能力的人才进行项目补贴,提供优惠的金融、税收、补贴政策,鼓励农业科技人才的创业活动。鼓励已经有一定规模的、新型农业项目技术外溢,与农户合作实现技术外部性。设置企业培育科技人才项目,以企业为基地,孵化农村技术人才。

参 考 文 献

[1] Andrew P. Butcher. Educate, consolidate, immigrate: Educational immigration in Auckland, New Zealand [J]. Asia Pacific Viewpoint, 1945 (2).

[2] Bardhan P. Evolution of Land Distribution in West Bengal 1967 - 2004: Role of Land Reform and Demographic Changes [J]. SSRN Electronic Journal, 2014 (3).

[3] Batista C, Umblijs J. Migration, risk attitudes, and entrepreneurship: evidence from a representative immigrant survey [J]. Iza Journal of Migration, 2014 (1).

[4] Bayoh. Determinants of Residential Location Choice: How Important Are Local Public Goods in Attracting Homeowners to Central City Locations? [J]. Journal of Regional Science, 2006 (46).

[5] Bezu S, Holden S T. Land Access and Youth Livelihood Opportunities in Southern Ethiopia [J]. MPRA Paper, 2013.

[6] Binswanger H P, Deininger K, Feder G. Revolt and Reform in Agricultural Land Relations [J]. Handbook of Development Economics, 1995 (3).

[7] BryanB A, Gao L, Ye Y, et al. China's response to a national land - system sustainability emergency [J]. Nature, 2018 (3).

[8] Burt R S. The Contingent Value of Social Capital [J]. Admin-

istrative Science Quarterly, 1997, 42 (2): 339 –365.

[9] Chari A V, Liu E, Wang S, et al. Property Rights, Land Misallocation and Agricultural Efficiency in China [J]. Social Science Electronic Publishing.

[10] Coleman J S. Social Capital in the Creation of Human Capital * [J]. Knowledge and Social Capital, 2000 (1): 17 –41.

[11] D Maxwell, Larbi W O, Lamptey G M, et al. Farming in the shadow of the city: Changes in land rights and livelihoods in peri – urban Accra [J]. International Development Planning Review, 1999, 21 (4).

[12] Evenson Robert J, Prabhu P. Handbook of agricultural economics [M]. Elsevier Science Ltd, 2002.

[13] F Fukuyama. TRUST: Human Nature and the Reconstitution of Social Order [J]. knowledge technology & policy, 1996 (1).

[14] Faist, Thomas. Transnationalization in international migration: implications for the study of citizenship and culture [J]. Ethnic & Racial Studies, 1923 (2).

[15] Field E. Entitled to Work: Urban Property Rights and Labor Supply in Peru [J]. Working Papers, 2002.

[16] Glick. The Family Cycle [J]. American Sociological Review, 1947 (1): 164 –174.

[17] Griffin K, Khan A R, Ickowitz A. Poverty and the Distribution of Land [J]. Journal of Agrarian Change, 2002, 2 (3).

[18] Harris. Migration, Unemployment and Development: a Two – sector Analysis [J]. American Economic review, 1970 (1).

[19] Hayek F A. The Use of Knowledge Society [J]. The American Economic Review, 1945, 35 (4).

[20] Holden S T, Otsuka K. The roles of land tenure reforms and land markets in the context of population growth and land use intensification in Africa [J]. Food Policy, 2014, 48 (10).

[21] John Douglas Wilson. A voluntary brain – drain tax [J]. Journal of Public Economics, 1992 (12).

[22] Jonathan Rigg. land, fanning, livelihoods and poverty: rethinking the links in the rural south [J]. World Development, 2006, 34 (1).

[23] Kristiai, Tofl, Hoyer. Are land deals unethical the ethics of large – scale land acquisitions in developing countries [J]. Journal of Agricultural land environmental echinacea, 2013 (26).

[24] Lewis. Economic Development with Unlimited Supplies of Labour [D]. the Manchester school, 1954.

[25] Ma X, Heerink N, Feng S, et al. Farmland tenure in China: Comparing legal, actual and perceived security [J]. Land Use Policy, 2015, 42: 293 – 306.

[26] Maralani Vida, Portier Camille. The Consolidation of Education and Health in Families [J]. American Sociological Review, 2021, 86 (4).

[27] Moretti. E. Human Capital Externalities in Cities [M]. Handbook of Regional and Urban Economics, 2004 (4).

[28] North D C. Institutions, institutional change, and economic performance [M]. Cambridge University Press, 1990.

[29] Örn B. Bodvarsson, Berg H V D. Why People Immigrate: The Evidence [J]. Economics of Immigration, 2013 (7).

[30] PR Agénor, Lim K Y. Unemployment, Growth and Welfare Effects of Labor Market Reforms [J]. Centre for Growth & Business Cycle

Research Discussion Paper, 2017 (3).

[31] Ranis G, Fei J C. A theory of economic development [J]. American Economic Review, 1961, 51 (4).

[32] Sabrin B. Digitization and Development: Property Rights Security, and Land and Labor Markets [J]. Journal of the European Economic Association, 2021.

[33] Schwartz, Aba. Migration, Age, and Education [J]. Journal of Political Economy, 1984 (4).

[34] Stark, Oded. Rural–to–Urban Migration in LDCs: A Relative Deprivation Approach [J]. Economic Development & Cultural Change, 1932 (3).

[35] Tatwangire A, Holden S T. Land Tenure Reforms, Land Market Participation and the Farm Size — Productivity Relationship in Uganda [J]. 2013.

[36] Tiebout, C. M. A Pure Theory of Local Expenditures [J]. Journal of Political Economy, 1956 (5).

[37] 阿兰·斯密德. 冲突与合作：制度与行为经济学 [M]. 刘璨, 吴水荣, 译. 北京：格致出版社, 2018.

[38] 艾利思. 农民经济学 [M]. 胡景北, 译. 上海：上海人民出版社, 2006.

[39] 安海燕, 洪名勇. 农地流转研究综述与展望 [J]. 中国农业资源与区划, 2014 (3).

[40] 安海燕. 土地承包法修改是否提升了农户城市落户意愿？[J]. 华中农业大学学报（社科版）, 2021 (1).

[41] 巴泽尔. 产权的经济分析 [M]. 费方域, 段毅才, 译. 上海：上海人民出版社, 1997.

[42] 彼得·戴蒙德, 汉努·瓦蒂艾宁, 戴蒙德, 等. 行为经济

学及其应用 [M]. 贺京同, 译. 北京: 中国人民大学出版社, 2013.

[43] 蔡昉. 中国农村改革三十年——制度经济学的分析 [J]. 中国社会科学, 2008 (6).

[44] 蔡昉. 城乡收入差距与制度变革的临界点 [M]. 北京: 中国社会科学出版社, 2003.

[45] 陈良敏, 丁士军. 进城农民工家庭永久性迁移意愿和行为的影响因素 [J]. 农业经济问题, 2019 (8).

[46] 程欣, 邓大松. 社保投入有利于企业提高劳动生产率吗?——基于"中国企业—劳动力匹配调查"数据的实证研究 [J]. 管理世界, 2020 (3).

[47] 仇童伟, 罗必良. "好"的代理人抑或"坏"的合谋者: 宗族如何影响农地调整? [J]. 管理世界, 2019 (8).

[48] 仇童伟, 罗必良. 农业要素市场建设视野的规模经营路径 [J]. 改革, 2018 (5).

[49] 道格拉斯·C. 诺思. 制度、制度变迁与经济绩效 [M]. 杭行, 译. 上海: 上海人民出版社, 2014.

[50] 邸勍, 袁晓玲, 王书蓓. 城镇化影响环境质量的典型机制与差异化研究 [J]. 当代经济科学, 2021 (3).

[51] 都阳, 蔡昉, 屈小博. 延续中国奇迹: 从户籍制度改革中收获红利 [J]. 经济研究, 2014 (8).

[52] 段巍, 王明, 吴福象. 中国式城镇化的福利效应评价 (2000~2017)——基于量化空间模型的结构估计 [J]. 经济研究, 2020 (5).

[53] 费孝通. 乡土中国生育制度 [M]. 北京: 北京大学出版社, 1998.

[54] 丰雷, 张明辉, 韩松, 等. 个体认知, 权威决策与中国农地制度变迁——一个动态演化博弈模型的构建及检验 [J]. 政治经

济学评论, 2020 (2).

[55] 丰雷, 郑文博, 张明辉. 中国农地制度变迁70年: 中央—地方—个体的互动与共演 [J]. 管理世界, 2019 (9).

[56] 淦未宇, 徐细雄. 组织支持、工作生活质量与新生代农民工城市融合——基于海底捞的案例研究 [J]. 管理评论, 2019 (5).

[57] 高帆. 中国城乡土地制度演变: 内在机理与趋向研判 [J]. 社会科学战线, 2020 (12).

[58] 高海. 论农民进城落户后集体土地"三权"退出 [J]. 中国法学, 2020 (2).

[59] 国务院发展研究中心和世界银行联合课题组. 中国: 推进高效、包容、可持续的城镇化 [J]. 管理世界, 2014 (4).

[60] 韩占兵. 高龄农民愿意退出土地承包权与经营权吗?——基于河南省农户的调查 [J]. 经济经纬, 2019 (4).

[61] 赫尔曼, 等. 人类交换规律与人类行为准则的发展 [M]. 陈秀山, 译. 北京: 商务印书馆, 1997.

[62] 洪名勇, 龚丽娟. "三资转换"与农地产权制度改革——基于贵州凤岗县改革的调查与思考 [J]. 农村经济, 2015 (2).

[63] 黄善林, 樊文静, 孙怡平. 农地依赖性、农地处置方式与市民化意愿的内在关系研究——基于川鄂苏黑四省调研数据 [J]. 中国土地科学, 2019 (4).

[64] 黄延信, 张海阳, 李伟毅. 农村土地流转状况调查与思考 [J]. 农业经济问题, 2011 (5).

[65] 黄祖辉, 马彦丽. 再论以城市化带动乡村振兴 [J]. 农业经济问题, 2020 (9).

[66] 冀县卿, 钱忠好. 中国农地产权制度改革40年——变迁分析及其启示 [J]. 农业技术经济, 2019 (1).

[67] 蒋芮, 肖璐, 等. 家庭视角下农民工城市落户意愿、行为

及其转化——基于住房状况的调节作用 [J]. 西北人口, 2018 (4).

[68] 金成武. 城镇劳动力市场上不同户籍就业人口的收入差异 [J]. 中国人口科学, 2009 (4).

[69] 金励. 城乡一体化背景下进城落户农民土地权益保障研究 [J]. 农业经济问题, 2017 (11).

[70] 金细簪, 周家乐, 储炜玮. "三权"改革背景下土地权益与农民永久性迁移分析——来自浙江4个县市4个行政村的实证 [J]. 人口学刊, 2019 (5).

[71] 柯武刚, 史漫飞. 制度经济学: 社会秩序与公共政策 [M]. 北京: 商务印书馆, 2000.

[72] 科斯·哈特·斯蒂格利茨, 拉斯. 契约经济学 [M]. 李风圣, 译. 北京: 经济科学出版社, 1999.

[73] 李飞, 杜云素. 不确定性与农民工非永久迁移 [J]. 中国农业大学学报 (社会科学版), 2019, 36 (1): 37-47.

[74] 李飞, 杜云素. 城镇定居、户籍价值与农民工积分落户——基于中山市积分落户入围人员的调查 [J]. 农业经济问题, 2009 (8).

[75] 李强. 农村集体收益分配中的行政嵌入及其实践逻辑——基于农村集体经济组织干部报酬管理的考察 [J]. 中国农村观察, 2021 (4).

[76] 李勇辉, 刘南南, 李小琴. 农地流转、住房选择与农民工市民化意愿 [J]. 经济地理, 2019 (4).

[77] 李长生, 刘西川. 土地流转的创业效应——基于内生转换 Probit 模型的实证分析 [J]. 中国农村经济, 2020 (5).

[78] 梁漱溟. 中国文化要义 [M]. 上海: 上海人民出版社, 2011.

[79] 刘超, 李瑞, 马俊龙. 城市规模、就业歧视与农民工就业匹配 [J]. 经济科学, 2020 (5).

[80] 刘传江, 周玲. 社会资本与农民工的城市融合 [J]. 人口

研究，2004，28（5）.

[81] 刘林平，胡双喜. 土地、孩子与职业稳定性——外来工入户意愿的影响因素研究 [J]. 南通大学学报（社会科学版），2014（2）.

[82] 刘灵辉. 进城农民土地资产处置意愿影响因素研究 [J]. 中南财经政法大学学报，2014（2）.

[83] 刘蕊梅，陈昭宜. 温室效应与人口增长，能源消耗间相互关系的探讨 [J]. 中国人口. 资源与环境，1994（4）.

[84] 刘守英. 土地制度与中国发展 [M]. 北京：中国人民大学出版社，2018.

[85] 刘小年. 农民工市民化的影响因素：文献述评、理论建构与政策建议 [J]. 农业经济问题，2017（1）.

[86] 刘杨. 城镇化进程中的社区治理转型及其法治保障——以渝北 M 镇公租房社区为个案 [J]. 山东大学学报：哲学社会科学版，2018（4）.

[87] 龙开胜，陈利根. 基于农民土地处置意愿的农村土地配置机制分析 [J]. 南京农业大学学报（社会科学版），2018（4）.

[88] 卢海阳，梁海兵，钱文荣. 农民工的城市融入：现状与政策启示 [J]. 农业经济问题，2015（7）.

[89] 卢海阳，郑逸芳，钱文荣. 农民工融入城市行为分析——基于1632个农民工的调查数据 [J]. 农业技术经济，2016（1）.

[90] 卢现祥. 西方新制度经济学 [M]. 北京：中国发展出版社，2003.

[91] 罗必良，何应龙，汪沙，等. 土地承包经营权：农户退出意愿及其影响因素分析——基于广东省的农户问卷 [J]. 中国农村经济，2012（5）.

[92] 罗必良. 小农经营，功能转换与策略选择——兼论小农户

与现代农业融合发展的"第三条道路"[J]. 农业经济问题, 2020 (1).

[93] 罗丽, 李晓峰. 个人工资水平, 家庭迁移特征与农民工城市消费——留城意愿的调节和中介作用分析[J]. 农业技术经济, 2020 (3).

[94] 马贤磊, 仇童伟, 钱忠好. 农地产权安全性与农地流转市场的农户参与——基于江苏、湖北、广西、黑龙江四省(区)调查数据的实证分析[J]. 中国农村经济, 2015 (2).

[95] 马贤磊, 仇童伟, 钱忠好. 农地流转中的政府作用:裁判员抑或运动员——基于苏、鄂、桂、黑四省(区)农户农地流转满意度的实证分析[J]. 经济学家, 2016 (11).

[96] 马晓河, 胡拥军. 一亿农业转业人口市民化的难题研究[J]. 农业经济问题, 2018 (4).

[97] 冒佩华, 徐骥. 农地制度、土地经营权流转与农民收入增长[J]. 管理世界, 2015 (5).

[98] 欧阳慧, 邹一南. 分区域分群体推进农民工差别化落户城镇[J]. 中国软科学, 2017 (3).

[99] 欧阳慧. 新一轮户籍制度改革实践中的落户困境与突破[J]. 经济纵横, 2020 (9).

[100] 钱文荣, 李宝值. 初衷达成度、公平感知度对农民工留城意愿的影响及其代际差异——基于长江三角洲16城市的调研数据[J]. 管理世界, 2013 (9).

[101] 钱忠好, 牟燕. 乡村振兴与农村土地制度改革[J]. 农业经济问题, 2020 (4).

[102] 钱忠好. 农村土地承包经营权产权残缺与市场流转困境:理论与政策分析[J]. 管理世界, 2002 (6).

[103] 乔榛, 焦方义, 李楠. 中国农村经济制度变迁与农业增

长——对1978~2004年中国农业增长的实证分析[J].经济研究,2006(7).

[104] 施里特.习俗与经济(新政治经济学译丛)[M].秦海,杨煜东,张晓,译.长春:长春出版社,2005.

[105] 宋志红.再论土地经营权的性质——基于对《农村土地承包法》的目的解释[J].东方法学,2020(2).

[106] 苏红键.中国县域城镇化的基础、趋势与推进思路[J].经济学家,2021(5).

[107] 速水佑次郎,神门善欠.发展经济学:从贫困到富裕[M].李周,译.社会科学文献出版社,2003.

[108] 孙文凯,白重恩,谢沛初.户籍制度改革对中国农村劳动力流动的影响[J].经济研究,2011(1).

[109] 唐宗力.农民进城务工的新趋势与落户意愿的新变化——来自安徽农村地区的调查[J].中国人口科学,2015(5).

[110] 仝志辉,贺雪峰.村庄权力结构的三层分析——兼论选举后村级权力的合法性[J].中国社会科学,2002(1).

[111] 王煌,黄先海,陈航宇,等.人力资本匹配如何影响企业加成率:理论机制与经验证据[J].财贸经济,2020(1).

[112] 王珊,洪名勇,钱文荣.农地流转中的政府作用与农户收入——基于贵州省608户农户调查的实证分析[J].中国土地科学,2020(3).

[113] 王一帆,吴佩林.我国传统农业改造与工业化、城镇化建设——读舒尔茨《改造传统农业》的思考[J].农业经济,2015(1).

[114] 威尔金森.行为经济学[M].贺京同,那艺,译.北京:中国人民大学出版社,2012.

[115] 威廉姆森.资本主义经济制度:论企业签约与市场签约

[M]．段毅才，王伟，译．北京：商务印书馆，2002．

[116] 吴开亚，张力，陈筱．户籍改革进程的障碍：基于城市落户门槛的分析 [J]．中国人口科学，2010（1）．

[117] 伍爱霖，卢冲．户籍制度改革会促进农村流动人口落户城市吗？——来自准自然实验的证据 [J]．人口与发展，2020（5）．

[118] 西奥多·W. 舒尔茨．改造传统农业 [M]．梁小民，译．北京：商务印书馆，1987．

[119] 夏怡然，陆铭．城市间的孟母三迁－公共服务影响劳动力流向的经验研究 [J]．管理世界，2015（10）．

[120] 谢秋山，赵明．家庭劳动力配置、承包耕地数量与中国农民的土地处置——基于CGSS2010的实证分析 [J]．软科学，2013．

[121] 谢勇．外出农民工的土地处置方式及其影响因素研究——基于江苏省的调研数据 [J]．中国土地科学，2012（8）．

[122] 辛毅，宫伟文，赵雅斐．"显性市民化"与"隐性市民化"对农民土地转出行为的影响 [J]．资源科学，2020（5）．

[123] 徐美银．农民工市民化、产权结构偏好与农村土地流转——基于江苏、浙江、湖北、四川调查数据的分析 [J]．社会科学，2019（6）．

[124] 徐美银．新生代农民工土地承包权处置方式及其影响因素——基于对江苏362份样本的调查 [J]．湖南农业大学学报（社会科学版），2016，17（1）．

[125] 许庆，田士超，徐志刚，邵挺．农地制度、土地细碎化与农民收入不平等 [J]．经济研究，2008（2）．

[126] 杨青，徐俊杰，王洪卫．房租负担对农民工劳动供给的影响——基于农民工"效益观"的视角 [J]．农业技术经济，2021（7）．

[127] 杨瑞龙,卢周来. 正式契约的第三方实施与权力最优化——对农民工工资纠纷的契约论解释[J]. 经济研究, 2004(8).

[128] 杨婷,靳小怡. 资源禀赋、社会保障对农民工土地处置意愿的影响——基于理性选择视角的分析[J]. 中国农村观察, 2015(4).

[129] 杨小凯,张定胜,张永生. 发展经济学:超边际与边际分析[M]. 北京:社会科学文献出版社, 2003.

[130] 杨照东,任义科,杜海峰. 确权、多种补偿与农民工退出农村意愿[J]. 中国农村观察, 2019(2).

[131] 姚洋. 发展经济学[M]. 北京:北京大学出版社, 2013.

[132] 姚洋. 集体决策下的诱导性制度变迁——中国农村地权稳定性演化的实证分析[J]. 中国农村观察, 2000(2).

[133] 姚洋. 中国农地制度:一个分析框架[J]. 中国社会科学, 2000(2).

[134] 叶剑平,丰雷,蒋妍,等. 2008年中国农村土地使用权调查研究——17省份调查结果及政策建议[J]. 管理世界, 2010(1).

[135] 叶剑平,蒋妍,丰雷. 中国农村土地流转市场的调查研究——基于2005年17省调查的分析和建议[J]. 中国农村观察, 2006(4).

[136] 于传岗. 农户主导型农村土地承包经营权流转规律研究[J]. 西北农林科技大学学报:社会科学版, 2014(11).

[137] 于飞. 从农村土地承包法到民法典物权编:"三权分置"法律表达的完善[J]. 法学杂志, 2020(2).

[138] 苑鹏,曲颂. 进城农民工"三权"退出意愿实证研究[J]. 河北学刊, 2020(5).

[139] 张红宇,刘玫,王晖. 农村土地使用制度变迁:阶段性、

多样性与政策调整[J]. 农业经济问题, 2002 (2).

[140] 张吉鹏, 黄金, 王军辉, 等. 城市落户门槛与劳动力回流[J]. 经济研究, 2020 (7).

[141] 张丽艳, 崔宁. 基于土地, 户籍, 公共服务联动改革的辽宁新生代农民工市民化问题研究[J]. 经济研究导刊, 2020 (3).

[142] 张五常. 佃农理论[M]. 北京: 中信出版社, 2010.

[143] 张晓彤, 张立新. 中国城镇化进程概述和未来城镇化水平预测[J]. 云南农业大学学报, 2021 (15).

[144] 张兴祥. 我国城乡教育回报率差异研究——基于CHIP2002数据的实证分析[J]. 厦门大学学报(哲学社会科学版), 2012 (6).

[145] 张义博, 刘敏. 户籍制度改革的边际落户效应[J]. 宏观经济管理, 2018 (9).

[146] 张翼. 农民工"进城落户"意愿与中国近期城镇化道路的选择[J]. 中国人口科学, 2011 (2).

[147] 张勇, 包婷婷. 农地流转中的农户土地权益保障: 现实困境与路径选择——基于"三权分置"视角[J]. 经济学家, 2020 (8).

[148] 赵峰, 星晓川, 李惠璇. 城乡劳动力流动研究综述: 理论与中国实证[J]. 中国人口·资源与环境, 2015 (4).

[149] 赵万里, 徐铁梅. 制度理性: 制度变迁、行为选择与社会秩序[J]. 经济学家, 2018 (3).

[150] 郑文博, 丰雷. 制度变迁中的冲突与协调——理论发展回顾与探讨[J]. 经济学动态, 2020 (1).

[151] 钟甫宁, 刘华. 中国城镇教育回报率及其结构变动的实证研究[J]. 中国人口科学, 2007.

[152] 钟文晶, 罗必良. 禀赋效应、产权强度与农地流转抑制——基于广东省的实证分析[J]. 农业经济问题, 2017 (3).

[153] 周文, 赵方, 杨飞. 土地流转、户籍制度改革与中国城市化: 理论与模拟 [J]. 经济研究, 2017 (6).

[154] 周业安. 中国制度变迁的演进论解释 [J]. 经济研究, 2000 (5).

[155] 朱纪广, 张佳琪, 李小建, 等. 中国农民工市民化意愿及影响因素 [J]. 经济地理, 2020 (8).

[156] 朱力. 论农民工阶层的城市适应 [J]. 江海学刊, 2002 (6).

[157] 朱信凯. 农民市民化的国际经验及对我国农民工问题的启示 [J]. 中国软科学, 2005 (1).

[158] 祝之舟. 农村土地承包经营权的功能转向, 体系定位与法律保障——以新《农村土地承包法》为论证基础 [J]. 农业经济问题, 2020 (3).